L'Essentiel pour travailler
efficacement sur soi

Du même auteur

7 bonnes façons de se coacher soi-même... Ou comment devenir votre meilleur allié, InterÉditions, 2007

Vous découvrirez dans cet ouvrage que le coaching est une manière de se poser de vraies questions pour trouver de bonnes réponses : celles qui font avancer.
Pour vous apprendre à vous auto-coacher, l'auteur dégage les idées-forces du coaching et explique comment se servir de cette dynamique et de ces outils pour soi-même.
Chaleureux et illustré de nombreux témoignages, l'ouvrage vous donnera, quels que soient vos aspirations et vos buts, les moyens d'intégrer la dynamique du coaching dans votre vie quotidienne.

Dans la collection Éducation Formation Ressources Humaines

Le Mémoire, petit guide à l'usage de ceux qui terminent ou reprennent leurs études, Magali Crochard, 2007

L'Innovation au cœur de la formation industrielle. La réponse de l'UIMM, Alain Bournazel, 2007

Les Métiers de demain. Trouver sa voie, Christine Afriat, 2006

Le Statut de stagiaire, Sophie Bonnefond, 2006

Représentation commerciale

Société Educative Financière Internationale - France

155, Bd Haussmann 75008 Paris - tél : 01 56 59 05 21 - fax : 01 56 59 05 22

www.editions-sefi.com

 - ISBN 9782896031580

Dépôt Légal : bibliothèque et archives nationales du Québec 2008

Imprimé en France par France Quercy - Mercuès - N° 81324a - Dépôt légal : juin 2008

Cégolène COLONNA

L'essentiel pour travailler efficacement sur soi

Collection Éducation Formation Ressources Humaines
dirigée par Alain Bournazel

Thématique « Développement Personnel »

arnaud franel
éditions

Je remercie la Vie
et ceux qui sont avec moi pour la partager.

Je remercie ce livre pour ce que j'ai appris de lui
et ce qu'il m'a appris de moi.

Je fais le vœu qu'il catalyse pour vous aussi
des informations et des enseignements
auxquels vous accorderez crédit et
que vous aurez plaisir à partager.

Sommaire

Introduction

Vous êtes-vous déjà demandé ce qui fait la spécificité de l'expérience humaine ?

L'objet de ce livre est à la fois de *conforter* et de *susciter* votre vision en la matière.

Conforter votre expérience sur le sujet : vous êtes aujourd'hui vivant et vous l'êtes sous forme humaine, vous êtes donc forcément bien placé pour vous faire une idée de ce qui différencie votre passage sur Terre d'un sous le règne des mondes végétal ou animal par exemple.

Vous trouverez dans cet ouvrage une grille de lecture, un support de réflexion, des outils de compréhension, des inspirations, pour vous accompagner dans la mise en lumière de votre propre perception de phénomènes abstraits par lesquels votre psychisme construit votre expérience d'être humain.

En effet, de la même façon que l'on retrouve sur le plan médical en dépit des différences individuelles et raciales, les mêmes mécanismes de thermorégulation, de digestion, de respiration, de circulation des énergies, etc., dans les corps de personnes européennes, asiatiques, africaines, etc., sur le plan psychique, par-delà notre unicité individuelle, existent aussi des phénomènes abstraits partagés entre tous qui habitent et font vivre notre conscience.

C'est de cela que ce livre parle : de la manière de capter et d'organiser ce qui fait que nous pensons comme nous pensons, que nous ressentons ce que nous ressentons, que nous vivons les choses telles que nous les vivons.

L'idée est donc de vous donner les moyens de mieux saisir ces phénomènes dans votre propre expérience, dans votre vie de tous les jours comme dans les événements qui sortent du quotidien et ceux qui marquent des tournants dans votre destinée.

Si vous vous êtes déjà posé la question de savoir « comment ça marche ? » dans votre tête, dans votre cœur et *en vous* de manière plus générale, alors ce livre est pour vous ; il vous permettra aussi de mieux comprendre ce qui se passe *en* et *pour l'autre*.

Si vous avez déjà été intéressé par tout ceci par l'intermédiaire d'une rencontre, d'un film, d'un cours de philo, si vous vous êtes senti curieux, intrigué, désireux de saisir l'insaisissable, alors là aussi, ce livre est pour vous : il permet de voir agir sans rigidifier, d'apprivoiser sans soumettre, d'apprécier sans banaliser ce qui fait de chacun de nous des êtres de conscience.

Et par là même, cet ouvrage a aussi pour vocation de *susciter* votre vision : en mettant des mots sur des phénomènes, en décodant des principes, en éclairant des mécanismes, vous constaterez que votre compréhension s'élargit et s'approfondit.

En dépit de cette ambition à vous permettre d'enrichir votre vision, de l'ouvrir à des pans de conscience que vous n'aviez peut-être pas explorés jusqu'à présent, cet ouvrage s'inscrit dans le respect de votre liberté et de votre libre arbitre : l'idée n'est pas ici d'orienter votre pensée mais de vous soumettre des informations qu'il vous reviendra de traiter par vous-même pour en extraire ce qui vous semblera juste, adapté, correspondant à une réalité, etc.

En fait, ce livre s'inscrit dans un processus plus large de prise de conscience par l'humanité. Vous avez peut-être déjà entendu parler de l'*ère du verseau* avec l'entrée dans le XXIe siècle, de l'émergence de la *cinquième dimension* dans le mode d'interaction de l'Homme et la Création qui l'entoure.

Peut-être tout cela est-il nouveau pour vous, peu importe, vous avez certainement déjà observé divers événements qu'ils soient climatiques, géopolitiques, sociaux, qui vous ont questionné et renvoyé au sens de la Vie, au sens de votre vie, à son essence, à votre Essence...

Cet ouvrage se propose de vous accompagner dans votre démarche, dans ce qui peut être une recherche de votre sagesse intérieure.

Peut-être vous étiez-vous demandé en quoi consiste une démarche spirituelle. Elle consiste en cela : en l'exploration des Vérités intérieures qui se surimpriment sur la réalité extérieure et se distinguent des vérités plus superficielles qui pourtant bien souvent les masquent.

Pour cela nous disposons de deux *outils* géniaux : notre psychisme et notre corps.

Ainsi, cet ouvrage s'appuie sur les techniques et méthodes les plus actuelles pour tirer au mieux profit de ces *outils*.

Nous aborderons le thème de la psychologie grâce, entre autres, à la Programmation Neuro-Linguistique, à l'intelligence émotionnelle, à l'Analyse Transactionnelle, à l'analyse jungienne, aux travaux de Will Schutz, à l'approche systémique.

Tout se passe en effet comme s'il nous était possible en tant qu'adulte de continuer à enrichir notre savoir-faire psychologique par un processus d'apprentissage analogue à celui par lequel, enfant, nous avons appris à mobiliser nos ressources corporelles. Cela nous a été bien utile alors pour explorer au mieux leur potentiel et relever les défis que représentent la marche, l'élocution, la coordination motrice et tant d'autres choses encore ; cela peut nous être bien utile maintenant pour relever les défis de notre vie quotidienne et y trouver du bonheur et de la joie à partager avec ceux que nous côtoyons.

Pourtant, *Travailler sur soi* amène à viser « l'action » plus que la seule « réflexion » sans cela nous risquerions de passer à côté de notre vie à trop regarder notre nombril et à être spectateur de ce qui se déroule comme si c'était un film au cinéma.

Ainsi, l'idée n'est pas de vous faire devenir « expert en psychologie » mais de vous permettre de vous approprier les retombées opérationnelles de cette discipline : ce qu'elle a d'utile au quotidien pour vous aider à réfléchir sur vos manières d'être et de penser et pour vous donner les moyens de les transformer en ce que vous avez envie qu'elles soient.

Pourquoi cette approche ? Parce que nous agissons en fonction de ce que nous pensons, et que par conséquent, pour agir différemment, il nous faut en premier lieu apprendre à penser différemment.

Pour résumer, nous pourrions dire que l'approche psychologique de cet ouvrage a pour ambition de vous permettre de renforcer votre « savoir apprendre à apprendre », votre « savoir changer » ; non pas au regard d'une instance extérieure à vous-même mais au nom de votre libre arbitre et votre Vérité intérieure quoiqu'en intégrant la Réalité de ce qui vous entoure. L'idée à travers cela étant bien sûr de trouver ce faisant plus de sens, de plaisir, de joie, de motivation, d'allant... dans votre vie quotidienne.

Je disais tout à l'heure que notre deuxième outil pour nous accomplir dans notre vie est notre corps, notamment à travers les énergies et sensations dont il est le véhicule.

Ce livre fait aussi écho à cette dimension de notre expérience d'être humain grâce, d'une part, à l'attention prêtée à la respiration et autres rythmes qui scandent notre vie et grâce, d'autre part, aux perceptions qui s'y logent et qui sont à écouter comme autant d'informations utiles à traiter.

Ainsi, pour tirer au mieux profit de cette lecture et des prises de conscience qu'elle pourra susciter chez vous, je vous invite à :

MODE D'EMPLOI

- **Être attentif aux sensations qui vous traversent et à les regarder comme porteuses d'information et de sens.**
  L'idée n'est pas ici de les « interpréter » (ce qui ferait intervenir votre mental) mais plutôt de les percevoir dans votre espace de conscience, de les « sentir » pour être à même de mieux les « saisir », c'est-à-dire de laisser advenir le « sens » qu'elles prennent dans votre expérience.
- **Vous accorder le temps de laisser le processus mûrir en vous.**
  Suivez votre rythme en écoutant votre cœur à travers vos envies, vous saurez de cette façon-là à quels moments poser et/ou prendre cet ouvrage.
- **Écouter votre Voix intérieure, celle dont vous savez qu'elle vous met sur la Voie.**
  Pour cela, vous pouvez amplifier plus particulièrement les compréhensions qui génèrent en vous plus de sérénité, plus d'ouverture, plus de joie durable, plus d'inclusion, tout en démultipliant votre libre arbitre.
- **Porter votre attention sur votre respiration et ressentir votre alignement entre Terre et Ciel** (notamment aux moments où vous reprenez la lecture de ce livre).
  Pour cela, je vous invite à vous centrer sur vous-même, à sentir votre corps se détendre et à porter votre attention sur la manière dont l'air entre, ainsi que sur la manière dont l'air sort.
  Vous pouvez aussi ressentir que vos pieds relient votre corps au sol et que le sommet de votre crâne relie votre corps au ciel (certaines personnes ferment les yeux pour visualiser cela avec plus d'aisance).
- **Laisser certaines choses vous échapper.**
  Lorsque vous identifiez qu'il y a une vision qui cherche à émerger de la compréhension différente d'un point de vue, sans pour

autant être déjà tout à fait claire, souriez de cette malice de votre inconscient et laissez-le s'approcher à nouveau ultérieurement ; il le fera peut-être par des signes anodins en eux-mêmes qui prendront du sens pour vous.

- **Vous munir d'un stylo et d'une pochette de crayons de couleurs.** Ce livre adopte le rythme d'une respiration puisque chaque thème est abordé en deux temps : un temps d'inspiration avec des fiches descriptives et explicatives, un temps d'expiration avec un espace pour transcrire les pensées et sensations par lesquelles vous vous appropriez cela.
- **Mettre en œuvre vos changements.** Comme nous le disions tout à l'heure, c'est l'action que nous visons, pas seulement la réflexion, aussi, osez créer *quelque chose* de nouveau, que ce « quelque chose » soit un regard, un positionnement, un geste, une parole, une posture, peu importe ; ce qui compte, c'est que vous ayez la sensation de vous y reconnaître mieux et plus.
- **Échanger à l'occasion avec les personnes que vous croisez.** Testez auprès d'elles, et avec elles, le fruit de ce que vous avez saisi, observez les réponses ainsi obtenues ; laissez-vous être étonné, surpris, et utilisez tout cela comme de nouvelles informations « à traiter » : Qu'est-ce qui s'en trouve conforté dans ma manière de voir les choses ? Qu'est-ce qui s'en trouve remis en cause dans ma manière de voir les choses lorsque vu sous une autre perspective ?

Pensez à relire régulièrement cette partie de l'introduction au cours de votre lecture de cet ouvrage.

Je fais le vœu qu'au fil de sa lecture ce livre devienne pour vous un beau livre d'images : images mentales par les associations d'idées que vous aurez générées, et aussi images sensorielles par les perceptions que vous en aurez eues et les transcriptions que vous aurez faites, alors à vos stylos et crayons !

Au menu de cet ouvrage

Voici en quelques mots les thèmes à propos desquels vous trouverez des informations dans ce livre.

Cet ouvrage s'articule autour de six champs majeurs d'expérimentation et d'action de la conscience humaine.

Chacun d'eux sera présenté selon une logique itérative permettant de trouver rapidement des repères pour comprendre, réfléchir et vous approprier les informations énoncées ; c'est aussi une manière de scander la lecture de l'ouvrage.

Quels sont ces six thèmes selon lesquels nous pouvons développer notre compréhension de l'expérience humaine et spirituelle ?

Ils répondent à la question : ***« à quels défis le contexte actuel soumet-il chacun d'entre nous dans sa quête de Vérité ? »***.

Six champs majeurs me semblent décrire notre terrain quotidien d'expérimentation et d'action :

- **Façonner notre réalité à l'image de la Réalité :**
  La réalité nous confronte parfois à des situations qui nous déstabilisent parce qu'elles nous confrontent à des incohérences ou à des « angles morts » dans notre manière de considérer la vie et de nous y adapter.
  Il nous est alors utile d'apprendre à mieux accueillir le réel et à l'appréhender de manière plus fine et plus appropriée à la Réalité.
- **Puiser notre énergie à l'intérieur de Soi :**
  La multiplicité des sollicitations de tout ordre nous fait parfois perdre le nord parce qu'elle vient parasiter notre sens des priorités.
  Il nous est alors utile de recentrer nos actions et sources de satisfaction sur l'essentiel afin de semer les graines qui seront récoltées dans l'« à venir ».

- **Suivre un cap tout en laissant le chemin se révéler :**
  Avancer se révèle parfois difficile tant les obstacles peuvent venir s'interposer entre nous et nos objectifs.
  Il nous est alors utile de diversifier nos approches, de mettre le meilleur de nous-mêmes en action et de garder le recul nécessaire pour mesurer notre ambition.
- **Expérimenter notre libre arbitre tout en respectant la Vie :**
  Nos expériences sont souvent complexes et difficiles à intégrer parce qu'elles mixent des critères d'évaluation reposant sur des niveaux différents de réalité.
  Il nous est alors utile de réaménager notre grille d'analyse et de nous ouvrir aux opportunités que nous n'avions pas perçues jusqu'à présent.
- **Déployer notre essence véritable :**
  Nous entretenons parfois avec nous-mêmes des relations qui minent l'amour de soi et la confiance en soi parce qu'elles sont basées sur des prémices fallacieuses.
  Il nous est alors utile de revisiter notre image de nous-mêmes et de nous rappeler que nous sommes déjà en potentiel ce que nous avons envie de devenir.
- **Exister parmi d'autres :**
  Nous sommes amenés à intervenir dans de multiples contextes et à côtoyer des personnes de différents profils et caractères, nous nous sentons alors souvent tenus de donner une certaine image de nous-mêmes pour que nos interventions soient les plus réussies possibles.
  Il peut dès lors nous être utile de refaçonner plus consciemment les masques par lesquels nous nous présentons à autrui afin de les rendre plus ressemblants et afin qu'ils laissent mieux percevoir qui nous sommes réellement.

À leur tour, chacun de ces champs d'expérimentation de la conscience humaine comporte différents domaines d'action.
Ils vous seront présentés sous forme d'axes de progrès permettant de se repérer parmi les orientations possibles et d'engager un cheminement pour se développer au quotidien.

Pour comprendre et vous approprier ces axes de progrès, l'ouvrage propose une démarche en deux temps faisant écho à la respiration qui rythme notre vie :

- **Une « phase d'Inspiration »** dans laquelle vous trouverez des grilles d'analyse et de questionnement, des apports théoriques, des méthodes et outils applicables dès leur lecture.

  Elle se composera de deux fiches :

- La fiche « ***Comprendre comment cela se passe*** » : cette fiche donne du sens à l'axe de progrès et définit dans quelle optique s'y employer.

  Elle se lit en peu de temps et y revenir plusieurs fois permet d'en approfondir la compréhension par le mûrissement de vos propres réflexions et associations d'idées.

- La fiche « ***Trouver des pistes d'action*** » : cette fiche décrit des orientations qu'il est possible de donner à vos actions et expérimentations quotidiennes pour explorer ce domaine de développement.
  Elle se comprend facilement et s'y référer plusieurs fois permet d'en diversifier et généraliser les usages.

- **Une « phase d'Expiration »** dans laquelle il vous sera proposé d'approfondir votre appropriation en laissant émerger des associations d'idées et des sensations liées à ce que vous venez de lire.

  Comme annoncé plus haut dans l'introduction de cet ouvrage, je vous invite à vous munir d'un stylo et de crayons de couleurs pour personnaliser votre exemplaire au fur et à mesure que vous cheminerez dans votre lecture : faites de ce livre le reflet de votre cheminement intérieur.

  (*« si, si, c'est permis d'écrire sur les livres ! »*)

Par ailleurs, dans l'optique de vous permettre d'approcher au mieux les spécificités de l'expérience humaine, vous trouverez en annexes les exposés synthétiques de trois modèles présentant des visions cohérentes et complémentaires du fonctionnement de la psyché humaine :

- **Une approche de l'inconscient** : pour comprendre le rôle joué par cette instance de vous-même que vous connaissez peu (et pour cause, ou sinon, nous ne l'appellerions pas *inconscient* !) ainsi que la façon de renforcer votre alliance avec elle.
- **Une description de la vision systémique** : pour saisir à la fois la complexité et la simplicité du travail sur soi et trouver les *portes d'entrée* pour commencer à générer les changements que vous escomptez.
- **Un exposé du modèle des Niveaux logiques selon Robert Dilts** : pour mieux distinguer les différentes natures des choses et aider à déjouer les confusions et les amalgames qui se font spontanément bien qu'ils aillent à l'encontre du *bien vivre*.

« Et souvenez-vous ! Profitez de la lecture de ce livre et de la proximité qu'elle facilite avec vous-même pour être attentif(ve) à la diversité de ce que vous expérimentez.

Vous pouvez notamment, chaque fois que vous reprenez ce livre en main, vous accorder un temps pour vous centrer sur vous-même, pour vous détendre et porter votre attention sur votre respiration. »

PREMIER CHAMP
D'EXPÉRIMENTATION ET D'ACTION

Devinette :
Comment savoir si je peux croire en ce que je pense ?

Réponse : En te rappelant d'en douter aussi.

Façonner notre réalité à l'image de la Réalité

Avez-vous déjà expérimenté être resté bloqué dans une attente envers la vie que cette dernière s'ingéniait à laisser insatisfaite ?

Vous est-il déjà arrivé que vos actions, pourtant toutes bien intentionnées et si bien pensées qu'elles aient été, se soient obstinées à obtenir un autre résultat que celui que vous escomptiez ?

Si vous avez répondu « Oui » même à une seule de ces questions, alors ce qui suit est pour vous…

L'idée à travers ce champ d'exploration de l'expérience humaine est de prendre conscience à quel point il nous arrive parfois de nous leurrer nous-mêmes.

En effet, nous oublions trop souvent de prendre le recul nécessaire par rapport à notre manière de considérer les choses et nous confondons la représentation que nous faisons de la réalité avec la Réalité elle-même.

Ainsi, tout se passe comme si nous étions aveugles au fait que, lorsque la Réalité ne se soumet pas à notre réalité, c'est probablement le signe que les représentations qui nous tiennent lieu de réalité ne rendent pas compte de la Réalité dans sa Réalité.

C'est aussi simple que cela, et pourtant cela peut potentiellement nous empoisonner la vie et générer toutes sortes de souffrance, car, prenant ainsi les choses à l'envers, nous expérimentons un décalage entre notre « attendu » (ce que notre mental appelle *logique* et ce que notre émotionnel appelle *justice*) et le « trouvé » (qui découle des règles et lois qui ont cours dans la Réalité et qui supplantent nos principes individuels).

Ainsi, si vous deviez ne retenir qu'une seule chose de ce champ d'expérimentation de la conscience humaine, je vous propose que ce soit celle-ci : « Si la Réalité nous résiste, c'est en fait nous qui résistons à la Réalité ! et c'est probablement elle qui aura le dernier mot... »

Donc, lorsque vous ressentez (au choix) de la frustration, une sensation d'injustice, un sentiment de révolte, des envies de vengeance, du dégoût, du découragement, bref, lorsque ce genre de « climat intérieur » peut potentiellement vous faire entrer dans des scénarii inefficaces (dont vous connaissez déjà l'issue de certains par la force de la répétition), cherchez à identifier en quoi votre vécu et votre interprétation des faits vous leurrent et quels autres vécu et interprétation vous pourriez faire des mêmes faits.

Effectivement, lorsque « rien ne va plus », c'est que c'est le moment de (nous) poser (les choses) et de laisser émerger la compréhension des *règles* incontournables qui s'appliquent en dépit de notre volonté, car c'est en construisant nos attentes en cohérence avec ces *lois* que nous parvenons enfin à obtenir ce que nous attendons.

Cela peut paraître défaitiste, pourquoi ne pas considérer cela comme de la sagesse car le fait de batailler toute sa vie sans obtenir ce pourquoi on se bat semble inhumain, surtout lorsqu'il suffirait de cesser de *courser* le « Hors Réalité » pour nous rendre compte de ce en quoi nous sommes comblés.

Pour faire cela, il est utile de nous efforcer d'apprivoiser le niveau émotionnel de nos expériences et d'ouvrir notre système de représentations mentales afin que ce soit nous qui menions la barque et non pas eux.

Faisant cela, nous développons nos compétences et devenons plus habiles à consciemment canaliser et employer notre intelligence émotionnelle et mentale ; il en résulte du *Bien vivre* pour nous-mêmes et ceux que nous côtoyons.

Apprivoiser le niveau émotionnel

Comprendre comment ...

LA NATURE DES ÉMOTIONS

- L'émotion est la réponse subjective & affective qu'un événement suscite en nous.
- L'émotion est ce qui donne de l'étoffe à notre *monde intérieur*.
- L'émotion est la Vie / La vie est émotion.
- L'émotion est fugitive comme une vague : elle apparaît, elle est présente, elle disparaît...

LES 6 ÉMOTIONS « PRIMORDIALES »

- De même que l'on peut créer toutes les couleurs de l'arc en ciel en combinant les trois couleurs primaires, la palette infinie de nos émotions se conçoit par l'alliage de six émotions primordiales :

… cela se passe

POUR QUOI (FAIRE) DÉCODER SES ÉMOTIONS ?

- Pour prendre conscience de la manière dont nous accueillons les événements.
- Pour être plus libre de la manière dont l'environnement exerce son impact sur nous.
- Pour partager avec notre entourage un *espace intérieur*.
- Pour profiter des bons moments.
- Pour rester en possession de nos ressources pendant les moments difficiles.
- Pour nous ressourcer avec facilité.
- Pour éviter de véhiculer auprès d'autrui des émotions *limitantes*[1] pour la situation.

Joie	→ sensation de réalisation, satisfaction	→ besoin de partage
Tristesse	→ face à la sensation de perte, de vide	→ besoin de réconfort
Colère	→ face à la sensation d'un obstacle	→ besoin de changement
Peur	→ face à la sensation de da nger	→ besoin de protection
Surprise	→ face à l'imprévu, à l'inconnu	→ besoin de se familiariser
Dégoût	→ lorsque sensation d'inadaptation	→ besoin de distanciation

1. limitant : terme utilisé en PNL pour signifier que certaines des caractéristiques de notre expérience freinent l'avancée vers nos objectifs.

Apprivoiser le niveau émotionnel

Trouver ...

COMMENT FAIRE ?...

- Être attentif aux sensations qui prennent place dans notre corps.
- Être attentif aux sons et aux paroles qui habitent notre espace mental.
  - Les phrases par lesquelles nous nous parlons à nous-mêmes (nos « *petites voix* »).
  - Les musiques ou autres sonorités que nous entendons en arrière plan.
- Être attentif à nos réactions comportementales spontanées.
- Observer l'émotion depuis l'extérieur.
  - Garder la distance par laquelle nous maintenons notre identité stable par-delà les fluctuations émotionnelles.
- Chercher les mots pour exprimer l'*inexprimable*.

⬇

Accepter l'impermanence de notre humeur sous l'influence des émotions dont le flux nous traverse.

Plus nous sommes souples sous leur emprise, plus nous pouvons réguler leurs effets sur nous, donc sur la relation avec notre entourage.

... des pistes d'action

COMMENT TRAVAILLER SUR (ET AVEC) NOS ÉMOTIONS ?

• Oser vivre et dire l'émotion
(une émotion niée est une émotion bloquée,
une émotion bloquée est une émotion qui fige notre espace intérieur,
un espace intérieur figé est une prison pour nous-mêmes et pour les autres autour de nous).

➢ Choisir le moment et la forme pour exprimer ce que l'on ressent.

• Identifier l'émotion « *racine* » de toutes les autres face à un événement.
(« une émotion peut en cacher une autre »).
Retrouver l'émotion d'origine qui a ensuite été masquée par une autre jugée plus *acceptable* ou *entendable.*

• Évaluer la pertinence de l'équivalence subjective par laquelle nous associons le fait observé avec l'interprétation que nous en faisons. (toute émotion est liée à la manière dont nous donnons sens à la situation vécue).

➢ Conscientiser le « *chaînon manquant* » : la signification que nous attribuons à la situation, le plus souvent sans nous en rendre compte, et qui légitime l'émotion ressentie sans pour autant être elle-même adaptée à la situation.

Apprivoiser le niveau émotionnel

Fermer les yeux quelques instants et laisser votre respiration s'amplifier depuis le creux de votre ventre jusqu'à l'espace situé entre vos côtes et laisser émerger la compréhension sensorielle, émotionnelle et mentale que tout cela revêt pour vous.

Prenez le temps d'écouter vos associations d'idées et notez les échos que ce champ d'exploration éveille chez vous :

« De quelle façon ma vision de l'expérience humaine est-elle enrichie ? »

« Qu'est-ce que je saisis maintenant avec plus d'acuité ? »

« Sur quelles nouvelles opportunités tout cela débouche-t-il pour moi ? »

« En quoi une joie durable peut-elle émerger de cela ? »

Laissez émerger une représentation sensorielle de la forme que tout cela prend pour vous et transcrivez-la pour mettre cet ouvrage aux couleurs de votre vie.
À vos crayons maintenant !!

Ouvrir notre système de représentations mentales

Comprendre comment ...

LA PUISSANCE DE NOTRE PENSÉE

• Notre pensée crée le monde dans lequel nous vivons.
Elle nous tient lieu de « monde »
(elle est l'interface incontournable entre nous et le monde extérieur) :

- nous ne captons du monde extérieur que ce que capte notre pensée,
- nous prenons pour « Vérité dans le monde extérieur » tout ce que nous tenons pour vrai dans notre pensée.

NOTRE PENSÉE CRÉE LE MONDE DANS LEQUEL NOUS VIVRONS

Elle finit par « advenir »…
(elle est la base incontournable à partir de laquelle nous agissons sur le monde extérieur) :

- nos actions interagissent avec le monde extérieur de telle sorte que, sans même que nous en ayons conscience, elles génèrent au bout du compte exactement le genre d'expériences qui légitiment nos pensées.

… cela se passe

LES LIMITATIONS DE NOTRE PENSÉE

• Elle repose et se construit sur la base du nombre limité de choses que nous percevons.

➢ Élargir notre champ d'information en intégrant celles omises en premier lieu parce qu'elles n'étaient pas directement accessibles ou qu'elles représentaient un volume trop important.

• Elle a du mal à percevoir la particularité des situations.

➢ Déjouer les généralisations par lesquelles nous appliquons spontanément *à tout/tous* les « lois » que nous avons déduites de nos observations précédentes.

• Elle ne vérifie pas toujours les liens logiques par lesquels elle relie les choses.

➢ Remettre en cause la manière dont :

- nous faisons décliner les *effets* de ce qui nous semble être leurs *causes* ;
- nous regardons comme similaire ce qui est en réalité de nature différente.

Ouvrir notre système de représentations mentales

Trouver ...

COMMENT FAIRE ?...

- Accepter le présent
  - ➢ Déjouer au mieux nos tentatives de déni.
    Regarder les choses telles qu'elles sont :
    - Refuser de voir ce qui nous perturbe ne l'a jamais fait disparaître (au contraire, cela lui donne plus d'impact encore puisque nous ne pouvons mettre en œuvre aucun palliatif).
- Être attentif à soi à l'intérieur de ce présent
  - ➢ Prendre conscience des réactions conscientes et inconscientes qu'il génère en nous.
    Être présent à nos actes et à nos sensations pour avoir la vision de ce qui se joue en nous face à ce présent.
  - ➢ Identifier ses besoins fondamentaux pour avancer dans la situation.
    - En recouvrant notre sécurité intérieure, nous serons à même d'agir efficacement et avec désintéressement pour autrui (alors que lorsque nos besoins *de base* ne sont pas satisfaits, nos actions sont inconsciemment biaisées par notre besoin de générer auprès d'autrui ce dont nous manquons).

... des pistes d'action

ADOPTER UNE ATTITUDE BIENVEILLANTE

- Envers soi-même.
- Envers les autres.

NOUS AVONS LES UNS ET LES AUTRES LE DROIT DE :

- *« Ne pas* déjà *savoir ce que nous sommes en train d'apprendre ».*
- *« Nous* sentir *démunis, d'avoir besoin de temps et d'aide ».*

UTILISER LA FORCE CRÉATRICE DE LA PENSÉE PLUTÔT QUE LA SUBIR

(Nous récoltons à l'extérieur ce que nous pensons à l'intérieur.)

- Chercher les *issues* positives à la situation.
- *Éviter* de s'engluer dans les considérations néfastes.

Apprendre à s'entendre penser pour mieux diriger sa pensée.
La pensée est un outil de notre mental au même titre que notre main est un outil de notre corps.

↓

Tout comme nous avons appris à développer la dextérité de notre main, nous pouvons apprendre à développer la fluidité de notre pensée.

Ouvrir notre système de représentations mentales

Fermer les yeux quelques instants et laisser votre respiration s'amplifier depuis le creux de votre ventre jusqu'à l'espace situé entre vos côtes et laisser émerger la compréhension sensorielle, émotionnelle et mentale que tout cela revêt pour vous.

Prenez le temps d'écouter vos associations d'idées et notez les échos que ce champ d'exploration éveille chez vous :

« De quelle façon ma vision de l'expérience humaine est-elle enrichie ? »

« Qu'est-ce que je saisis maintenant avec plus d'acuité ? »

« Sur quelles nouvelles opportunités tout cela débouche-t-il pour moi ? »

« En quoi une joie durable peut-elle émerger de cela ? »

Laissez émerger une représentation sensorielle de la forme que tout cela prend pour vous et transcrivez-la pour mettre cet ouvrage aux couleurs de votre vie.
À vos crayons maintenant !!

… façonnant votre réalité à l'image de la Réalité …

En cheminant à travers ces axes de progrès, vous avez certainement déjà pu commencer à expérimenter qu'il y a plus derrière la Réalité que la réalité que nous en captons.

L'expérience humaine est ainsi faite qu'elle a besoin d'un corps et d'un esprit pour exister sans pour autant pouvoir se limiter à cela.

Garder cela à l'esprit en même temps que nous agissons et interagissons avec les situations rencontrées et dans lesquelles nous sommes plongés donne de la profondeur à notre expérience et ouvre notre réceptivité à ce qui nous transcende aussi bien en tant qu'individu qu'en tant qu'humanité.

De cette réceptivité naissant l'aisance pour capter les manifestations de cette dimension qui existe par-delà tout, elle génère aussi plus de facilité pour saisir, recueillir et traiter les informations qui traduisent cette transcendance, et par conséquent une représentativité plus grande de notre réalité au regard de la Réalité.

Il s'ensuit dès lors que nos attentes envers la vie ont plus de chances d'être satisfaites puisque les paramètres qui façonnent la Vie y sont déjà intégrés à la mesure de ce que nous avons su et pu nous approprier.

Tout ceci participe donc d'un processus où nous apprenons toujours plus à laisser la Vie nous façonner plutôt que chercher nous-mêmes à façonner la/notre vie.

« Oui, me direz-vous peut-être pourtant, mais il y a des gens à qui cela réussit de façonner le monde à leur guise et ils obtiennent ce que je désire, alors, pourquoi devrais-je moi me contenter de façonner ma réalité à l'image de la Réalité plus que telle que je voudrais qu'elle soit ? et pourquoi devrais-je consciemment laisser la Vie prendre le pas sur ma volonté ? »

Ma réponse serait alors : « En quoi la réalité qu'ils se construisent pourtant avec succès les rend-elle heureux dès lors qu'ils n'y voient le plus souvent qu'un tremplin vers un nouveau succès à conquérir ? »

Et aussi : « Les gens qui sont heureux de ce qu'ils (s)ont (s)ont-ils forcément tout ce qu'ils désireraient ? »

... votre réalité devient Réalité.

Deuxième champ d'expérimentation et d'action

Devinette :
Existe-t-il quelque chose de plus beau que ce qu'il y a de plus beau dans notre vie ?

Réponse : Oui, le fait d'être en vie pour en profiter.

Puiser son énergie à l'intérieur de Soi

Avez-vous déjà expérimenté être happé par le quotidien et en avoir extrait toute profondeur ?

Vous est-il déjà arrivé d'être à *sec* ne sentant plus d'appel pour vous donner une direction ?

Si vous avez répondu « Oui » même à une seule de ces questions, alors ce qui suit est pour vous…

L'idée à travers ce champ d'exploration de l'expérience humaine est de prendre conscience à quel point il nous arrive parfois d'ôter nous-mêmes toute substance à la vie.

En effet, nous oublions trop souvent de prendre le recul nécessaire par rapport à nos préoccupations matérielles et nous tombons dans la platitude d'un monde à deux dimensions.

Ainsi, tout se passe comme si nous étions aveugles au fait que, lorsque la Vie nous apparaît vide de sens, c'est probablement le signe que nous ne donnons pas de sens à notre vie.

C'est aussi simple que cela, et pourtant cela peut potentiellement nous amener à nous rendre compte un jour que nous avons jusqu'à présent dispersé notre vie sans glaner le « vraiment essentiel » ni « construit vraiment » *pour* (dans la) *durer* (durée) ; il ne dépend alors que de nous de réorienter peu à peu en conscience notre manière de concevoir l'utilité de la Vie.

Ainsi, si vous deviez ne retenir qu'une seule chose de ce champ d'expérimentation de la conscience humaine, je vous propose que ce soit celle-ci : « Lorsque nous n'étalonnons pas nos sens de sorte qu'ils perçoivent le sens de la Vie, notre vie nous paraît vide de sens… et c'est notre capacité à mobiliser notre énergie pour agir qui s'en trouve affaiblie… »

Donc, lorsque vous avez la sensation (au choix) que tout équivaut à tout, que rien ne vaut la peine de rien, que peu importe quoi que ce soit ou encore, que l'essentiel est inaccessible, utopiste ou illusoire, bref, lorsque ce genre de « discours intérieur » vous fait très probablement entrer dans des scénarii inefficaces (dont l'issue est repoussée à force de répétition), cherchez intérieurement à repositionner vos repères, à ré-aimanter votre boussole et à ré-étalonner vos critères de décision et d'action.

Effectivement, lorsque « rien (d'important) ne dépasse », c'est que c'est le moment de (nous) poser (les choses) et de revisiter ou réinitialiser nos *programmes* de tri et de sélection des priorités car peut-être avions-nous oublié d'en faire évoluer la version en même temps que notre vie s'est elle-même transformée.

Cela peut paraître mécaniste. Pourquoi ne pas considérer cela comme du bon sens car il me semble insensé de gaspiller de l'énergie à courir « partout » ou « nulle part », surtout lorsqu'il suffirait que nous nous concentrions à la canaliser dans le sens de nos priorités Essentielles pour que nous *re-sentions* notre vie riche de tout son sens.

Pour faire cela, il est utile de nous efforcer de construire chaque jour un peu de l'à venir que nous souhaitons vivre en mettant dans nos actions un peu de l'essentiel que nous souhaitons y voir et en reconnaissant l'Essentiel tel qu'il se trouve dans l'expérience de notre vie.

Faisant cela, nous étalonnons nos sens et devenons plus habiles à consciemment discerner et nourrir le sens de nos priorités Essentielles : il en résulte du *vivre mieux* pour nous-mêmes et ceux qui nous côtoient.

Y voir clair sur l'essentiel

Comprendre comment ...

QU'EST-CE QU'UNE MOTIVATION ?

- Quelque chose qui nous met en action.
- Quelque chose qui nous mobilise, qui nous met en mouvement.
- Quelque chose qui donne du sens (signification et orientation) à notre action.
- Quelque chose que nous espérons obtenir directement ou indirectement de l'action.

QUELLE EST LA SOURCE NOTRE MOTIVATION ?

- Nous-mêmes.

➢ Les éléments extérieurs de motivation ne font qu'entrer en résonance avec ce qui nous motive depuis l'intérieur parce que cela a du sens pour nous d'agir dans cette direction ;
si ces éléments intrinsèques de motivation n'existaient pas, nous ne « jouerions pas le jeu » de ce que l'extérieur nous laisse miroiter.

➢ Notre mise en énergie pour agir est sous notre seule responsabilité : même lorsqu'il y a des injonctions extérieures, c'est toujours en dernier lieu nous-mêmes qui décidons d'agir ou non.

… cela se passe

POUR QUOI (FAIRE) S'INTERROGER SUR L'ESSENTIEL ?

- Parce que seules nos vraies motivations véhiculent une énergie propice à nous rendre heureux.
- Parce que nous ne nous rendons pas toujours compte que nous vivons en dehors de nous-mêmes.

A proprement parler, nous ne pouvons pas ne pas vivre à l'intérieur de nous-mêmes ; toutefois, il nous arrive de nous satisfaire de n'épanouir que la partie superficielle de nous-mêmes.

⬇

Être proche de soi-même et de ce qui nous tient à cœur.
En prenant la responsabilité d'agir pour notre « *bien* », nous libérons autrui de la charge d'avoir à le faire pour nous à
→ ils gagnent la liberté de pouvoir le faire pour eux… (bien sûr, cela ne veut pas dire « ne rien faire de bien pour eux », cela veut dire « ne pas attendre d'eux qu'ils fassent du bien pour nous, mais être content de leur manière à eux de se faire du bien en nous en faisant »).

Y voir clair sur l'essentiel

Trouver ...

COMMENT Y VOIR CLAIR PARMI SES MOTIVATIONS ESSENTIELLES ?

• Différencier celles qui sont profondément inscrites en nous de celles qui sont seulement activées par l'influence de l'extérieur sur nous.

• Les messages véhiculés par le milieu (familial, professionnel, culturel, etc.) dans lequel nous sommes inscrits activent des *cordes* sensibles. C'est-à-dire, qu'ils nous motivent à agir dans un sens ou un autre ; toutefois, on peut parfois se poser la question de savoir si l'ampleur de notre réponse aux stimulations reçues de notre environnement ne dépend pas plus du nombre de ces stimulations que de la primauté de l'élément de motivation activé au regard de nos autres motivations.

→ *Est-ce que j'y crois vraiment ?*

... des pistes d'action

CHERCHER CELLES QUI NOUS RAPPROCHENT LE PLUS DE LA PLUS HAUTE IMAGE QUE NOUS AVONS DE NOUS-MÊMES

- Certaines de nos motivations nous motivent essentiellement parce qu'elles nous permettent d'être dans la facilité ; elles ne sont pas pour autant le reflet de ce qui nous donne la sensation que notre vie a un sens.

→ *Est-ce que j'aime l'image que cela me donne de moi ?*

- Se rappeler de ses rêves d'enfant et d'adolescent.

Au fil du temps, les leçons que nous tirons des expériences de la vie nous éloignent parfois de nous-mêmes, nous faisant croire qu'elle n'est pas un lieu propice à notre épanouissement et générant ainsi notre retrait dans une attitude plus adaptative que créatrice : il nous arrive de mettre nos rêves de côté pour nous satisfaire d'un « moindre bien », pensant y trouver un « moindre mal ».

→ *Est-ce que je me sens « jeune » à travers ça ?*

Y voir clair sur l'essentiel

Fermer les yeux quelques instants et laisser votre respiration s'amplifier depuis le creux de votre ventre jusqu'à l'espace situé entre vos côtes et laisser émerger la compréhension sensorielle, émotionnelle et mentale que tout cela revêt pour vous.

Prenez le temps d'écouter vos associations d'idées et notez les échos que ce champ d'exploration éveille chez vous :

« De quelle façon ma vision de l'expérience humaine est-elle enrichie ? »

« Qu'est-ce que je saisis maintenant avec plus d'acuité ? »

« Sur quelles nouvelles opportunités tout cela débouche-t-il pour moi ? »

« En quoi une joie durable peut-elle émerger de cela ? »

Laissez émerger une représentation sensorielle de la forme que tout cela prend pour vous et transcrivez-la pour mettre cet ouvrage aux couleurs de votre vie.
À vos crayons maintenant !!

Canaliser nos actions quotidiennes

Comprendre comment ...

EN QUOI CONSISTE NOTRE « NORD[1] » INTERNE ?

- « Ce que nous avons envie d'avoir réussi dans notre vie ».

Au crépuscule de notre vie, nous nous référerons pour l'évaluer à différents niveaux :

> Niveau *matériel* : « avoir réussi à acquérir... » (un certain standing, un certain statut, etc.)

> Niveau *personnel* : « avoir réussi à être... » (quelqu'un de bien, quelqu'un de gentil, intègre, etc.)

> Niveau *existentiel* : « avoir réussi à découvrir... » (soi-même, l'autre, la vie, la mort, la spiritualité, etc.)

- Un réseau complexe de « fuseaux » jouant sur ces différents niveaux.

Nous disposons chacun d'une variété de différentes manières de réussir notre vie, et la vie nous en offre encore d'autres (...).

> Un système de « pilotage » de nous-mêmes et de notre trajectoire au fil du temps, croisant :
> - le principe de « désir » : ce dont j'ai envie ;
> - le principe de « réalité » : les opportunités que je trouve ou que je ne trouve pas.

1. Nord : terme métaphorique pour faire écho à la fonction du « pôle nord terrestre » dans notre expérience psychique.

Pour (vous) Inspirer…

… cela se passe

« Se focaliser plus sur la destination que sur la route elle-même ».
Le principe de réalité nous confrontera toujours à des différences par rapport au chemin que nous souhaiterions emprunter ; ce n'est pas pour autant qu'il nous faut abandonner notre destination.
Et pourtant…
« S'intéresser plus au chemin qu'à son but ».

COMMENT CE « NORD » TROUVE-T-IL PLACE DANS NOTRE VIE QUOTIDIENNE ?

- À travers nos valeurs.
  - Ce à quoi nous attribuons de l'importance est un puissant repère pour orienter et réguler notre action.
    - Ces valeurs s'inscrivent en trame de fond de nos attitudes, de nos paroles, de notre manière d'aborder les événements de la vie, etc.
      Elles agissent comme des lignes de force qui alignent notre quotidien avec ce que nous souhaitons faire de nous-mêmes.
- Véhiculé par nos décisions.
  - Les options que nous prenons sont le témoignage des arbitrages et des choix stratégiques par lesquels nous visons notre « *Nord* ».
    - Ces décisions (ou absences de décision) reflètent l'engagement avec lequel nous nous impliquons dans l'exercice d'un certain libre arbitre pour notre vie.

Canaliser nos actions quotidiennes

Trouver ...

COMMENT FAIRE ?...

- Connaître et hiérarchiser ses valeurs.
  - ➢ Savoir ce qui importe pour nous
    - Dans notre vie, nos relations avec nous-mêmes ou autrui, dans un contexte particulier, etc.
  - ➢ Clarifier, parmi ces valeurs, celles qui sont au sommet de la pyramide parce qu'elles ont toutes des poids différents dans notre esprit.
    - Si nous devions n'en conserver qu'une seule parmi toutes ou par combinaison de paires, laquelle choisirions-nous de sacrifier ?
  - ➢ Identifier les critères associés à ces valeurs qui nous permettent de savoir si elles sont respectées ou pas.
    - Les éléments tangibles et observables qui *habillent* nos valeurs dans le concret ; ceux qui, lorsqu'ils sont absents d'une situation, nous font dire que notre valeur n'est pas satisfaite.
- Chercher à s'inscrire dans un environnement respectant nos valeurs prioritaires.
  - ➢ Utiliser son libre arbitre pour choisir, quitte parfois à *trancher*, entre les différentes alternatives qui s'offrent à nous.

… des pistes d'action

… ET LORSQUE NOUS CHOISISSONS DE NE PAS *TRANCHER* ?

- Connaître et agir en fonction de ses *Méta-valeurs*[1].
  - Par delà nos valeurs, nos *Méta-valeurs* prennent le relais lorsque nous nous efforçons de vivre une situation en accord avec nous-mêmes même si celle-ci s'inscrit en décalage avec nos valeurs.
    - Ceci est à distinguer de la *sur adaptation* qui nous amènerait à agir sans considération pour ce qui a de la valeur à nos yeux.
- Garder le cap par rapport à soi-même

→ *Comment puis-je dépasser peut-être mes plus ambitieux projets en saisissant les opportunités offertes sans plus courir derrière celles que j'aurais aimé trouver et qui me font défaut ?*

→ *Qu'est-ce que je gagne à perdre ?*

PETITE APOLOGIE DE « *L'ABSENCE DE DÉCISION* »

- Il est parfois urgent de ne rien faire…
(…parce qu'un changement remettrait trop de choses en jeu et casserait un équilibre reconnaissant somme toute notre non toute-puissance face à la réalité).
  - L'idée est alors de « choisir de ne pas choisir » pour ne plus subir l'état de fait et grandir de cette expérience.

1 Méta-valeur : terme utilisé pour désigner l'Essence essentielle au nom de laquelle nous accordons de l'importance à nos valeurs.

Canaliser nos actions quotidiennes

Fermer les yeux quelques instants et laisser votre respiration s'amplifier depuis le creux de votre ventre jusqu'à l'espace situé entre vos côtes et laisser émerger la compréhension sensorielle, émotionnelle et mentale que tout cela revêt pour vous.

Prenez le temps d'écouter vos associations d'idées et notez les échos que ce champ d'exploration éveille chez vous :

« De quelle façon ma vision de l'expérience humaine est-elle enrichie ? »

« Qu'est-ce que je saisis maintenant avec plus d'acuité ? »

« Sur quelles nouvelles opportunités tout cela débouche-t-il pour moi ? »

« En quoi une joie durable peut-elle émerger de cela ? »

Laissez émerger une représentation sensorielle de la forme que tout cela prend pour vous et transcrivez-la pour mettre cet ouvrage aux couleurs de votre vie.
À vos crayons maintenant !!

S'engager à construire l'avenir que l'on veut vivre

Comprendre comment ...

A QUOI ÇA SERT ?...

- À trouver le temps et l'énergie de réaliser les actions qui nous semblent insignifiantes et ingrates.
  - ➢ Aucune de nos actions n'est isolée, au contraire, elles s'inscrivent toutes au service les unes des autres et contribuent ainsi (directement ou non) à construire les expériences que nous rencontrerons dans le futur.
    - Elles se transforment donc dans notre esprit en de formidables opportunités de faire vivre ce qu'il y a d'important à nos yeux.
- À établir des priorités dans la gestion de notre temps et de notre énergie.

➢ Si toutes les actions sont reliées à une action plus globale qu'elles contribuent à réaliser, toutes les actions globales entre elles n'ont pas la même valeur à nos yeux, certaines sont plus importantes pour nous.

- L'engagement de notre temps et de notre énergie doit donc être axé sur les actions contribuant aux actions globales qui sont prioritaires pour nous.

Pour (vous) Inspirer...

... cela se passe

COMMENT FAIRE ?...

• Envisager nos actions et nos engagements au regard du maillage dans lequel ils s'inscrivent :

- Un objectif ne vaut la peine que parce qu'il nous permet d'atteindre un but.
- Un but ne vaut la peine que parce qu'il nous permet d'atteindre une finalité.
- Une finalité ne vaut la peine que parce qu'elle nous permet d'œuvrer dans le sens de notre mission de vie, c'est-à-dire d'avancer vers notre « Nord ».

→ *En quoi cette action s'inscrit-elle dans ce qui est important à mes yeux ?*

→ *Que me permet-elle de réaliser que je ne pourrai faire sans cela ?*

ET INVERSEMENT...

Pour développer plus de flexibilité face à un obstacle.

• Envisager la variété de différentes autres façons d'accomplir ce que l'on souhaite atteindre :

→ *Que puis-je faire d'autre que ce à quoi je pense spontanément pour atteindre mon but, ma finalité, ma mission de vie ?*

S'engager à construire l'avenir que l'on veut vivre

Fermer les yeux quelques instants et laisser votre respiration s'amplifier depuis le creux de votre ventre jusqu'à l'espace situé entre vos côtes et laisser émerger la compréhension sensorielle, émotionnelle et mentale que tout cela revêt pour vous.

Prenez le temps d'écouter vos associations d'idées et notez les échos que ce champ d'exploration éveille chez vous :

« De quelle façon ma vision de l'expérience humaine est-elle enrichie ? »

« Qu'est-ce que je saisis maintenant avec plus d'acuité ? »

« Sur quelles nouvelles opportunités tout cela débouche-t-il pour moi ? »

« En quoi une joie durable peut-elle émerger de cela ? »

Laissez émerger une représentation sensorielle de la forme que tout cela prend pour vous et transcrivez-la pour mettre cet ouvrage aux couleurs de votre vie.
À vos crayons maintenant !!

… puisant votre énergie à l'intérieur …

En cheminant à travers ces axes de progrès, vous avez certainement déjà pu expérimenter qu'il existe un sens à toutes les expériences que nous vivons ; c'est le sens de l'Essentiel qui se révèle lorsque nous nous tournons vers l'intérieur pour trouver la manière de mobiliser notre énergie dans notre vie.

La conscience humaine est ainsi faite qu'elle a besoin d'une expérience pour étayer sa présence sans pour autant être par nature enfermée dans cette expérience : les sens dont nous disposons, tant corporellement que mentalement, peuvent se déplacer à notre guise sur l'un quelconque des domaines de perception et d'information auxquels l'expérience nous donne accès.

Garder cela à l'esprit en même temps que nous concentrons nos sens sur l'un ou l'autre de ces domaines de perception et d'information donne simultanément à notre vision *profondeur* et *hauteur* et permet ainsi de transcender l'expérience en en extrayant un Sens s'inscrivant dans d'autres dimensions que la *platitude* des « données brutes ».

Cette transcendance, nourrie par notre aptitude à percevoir intérieurement les multiples dimensions tissées dans l'expérience, génère un élargissement de notre latitude pour identifier, choisir et étalonner en conscience les critères nous permettant d'assimiler l'expérience, de prendre des décisions et d'agir.

La fonction de ces critères est d'agir comme des aimants qui orientent notre énergie. Il en résulte que, plus ils sont étalonnés pour percevoir les *dimensions fines* de l'expérience humaine, plus nous allons chercher notre motivation et notre énergie dans l'Essentiel et moins, par voie de conséquence, nous avons de risque de nous trouver *à vide* de sens, ou *à sec* de motivation, car nous les *captons* à l'intérieur d'un niveau d'expérience et d'exploration potentiellement infini.

Tout ceci participe d'un processus où nous apprenons donc toujours plus à enrichir notre vie du prisme de l'Essentiel pour *lire* le sens de nos expériences et de notre quotidien ainsi que pour y puiser nos motivations et y sélectionner les *graines* qui impulseront notre *à venir*.

« Oui, me direz-vous peut-être pourtant, mais il y a des gens à qui cela réussit de se focaliser sur ce qui est superficiellement essentiel, alors, pourquoi devrais-je moi m'efforcer de plonger en profondeur pour y trouver l'Essentiel plutôt que de profiter de cela aussi ? et pourquoi l'Essentiel devrait-il prendre le dessus sur l'essentiel ? »

Ma réponse serait alors : « Comment savez-vous qu'ils ne font pas eux aussi cette démarche pour s'estimer Essentiellement heureux même alors que tous les domaines de leur vie ne sont pas sous le registre de l'essentiel ? »

Et aussi : « Les gens qui estiment avoir l'Essentiel ne sont-ils pas, plutôt que carrément dénudés de l'essentiel, simplement capables d'être heureux s'ils devaient s'en passer ? »

... vous puisez à l'intérieur du Soi.

Troisième champ d'expérimentation et d'action

Devinette :
Qu'est-ce qui est encore mieux que de savoir où l'on va ?

Réponse : Apprécier aussi où l'on est.

Suivre un cap tout en laissant le chemin se révéler

Avez-vous déjà expérimenté être saisi de découvrir que vous gravissez une montagne à l'intérieur d'une colline ?

Vous est-il déjà arrivé de vous sentir poussé à aller plus loin alors que vous vous seriez contenté de ce que vous aviez déjà décelé, dévoilé et réalisé d'une situation ?

Si vous avez répondu « Oui » même à une seule de ces questions, alors c'est que vous avez déjà expérimenté consciemment ce qui suit…

L'idée de ce champ d'exploration de l'expérience humaine est de prendre conscience à quel point il nous arrive parfois de contrecarrer le processus de la Vie.

En effet, nous oublions trop souvent l'importance de prendre du recul par rapport à nos projets et plans d'action et voyons trop souvent dans les aléas se présentant en chemin des événements inutiles, des contraintes ou autres facteurs de retardement.

Ainsi, tout se passe comme si nous étions aveugles au fait que, lorsque notre parcours s'écarte du cours que nous lui avions tracé, c'est peut-être simplement le signe que ce que nous connaissions à l'avance n'est pas toujours l'Essentiel dans notre destinée.

C'est aussi simple que cela, et pourtant cela peut potentiellement rallonger notre chemin car, ne voyant pas dans ce qui nous déroute l'enseignement d'un signe d'alerte ou d'une invitation, il nous arrive, en continuant notre route telle que prévue, de rater des occasions d'apprendre à l'avance.

Ainsi, si vous deviez ne retenir qu'une seule chose de ce champ d'expérimentation de la conscience humaine, je vous propose que ce soit celle-ci : « Lorsque nous avons la sensation de délaisser une déviation pour aller droit au but, c'est parfois l'inverse qui se produit et, sans le savoir, c'est peut-être un raccourci que nous délaissons car notre destinée passera peut-être par un apprentissage que nous n'avions pas anticipé devoir apprendre... »

Donc, lorsque vous vous trouvez (au choix) devant des événements incongrus, des sollicitations étonnantes, des expériences curieuses, des approches inattendues ou encore, devant des scénarii répétitifs, des difficultés réitérées, des opportunités présentées une nouvelle fois, bref, lorsque ce genre d'expérience vous fait penser à une étrangeté (voire à un acharnement) du destin, cherchez à décoder ce que vous n'en connaissez pas encore ; et peut-être aussi ce que vous vous seriez acharné à ne pas comprendre jusqu'à présent.

Effectivement, lorsque « quelque chose » semble rallonger, désorganiser ou mettre nos plans dans une autre perspective, c'est que c'est le moment de (nous) poser (les choses) et de nous demander ce en quoi cet élément nouveau donne des informations intéressantes sur ce que notre destinée nous destine et/ou sur la meilleure manière de maintenir ce cap-là.

Cela peut paraître se sur-adapter, pourquoi ne pas considérer cela non seulement comme de l'intelligence de situation mais aussi comme une façon d'essayer de profiter des enseignements aux « moindres frais », c'est-à-dire lorsqu'ils sont véhiculés par des expériences à caractère anodin.

Pour faire cela, il est utile de nous efforcer de garder le discernement qu'apporte le recul pour à la fois élargir le champ des possibles, dessiner nos objectifs de façon créative et mettre nos ressources en action de façon profitable.

Faisant cela, nous laissons le chemin nous révéler les meilleures manières de suivre le cap de notre destinée : il en résulte de la *profondeur de vie* pour nous-mêmes et ceux qui nous approchent.

Dessiner nos objectifs et nos buts de manière créative

Comprendre comment ...

POUR QUOI (FAIRE) ?...

• Pour réaliser presque la moitié du chemin qui nous mènera à ce que nous souhaitons.

> Pour mobiliser notre énergie, nous avons besoin d'avoir une représentation motivante de notre objectif.

Dans ce contexte, motivante veut notamment dire :

- Suffisamment claire pour que nous y croyions.
- Suffisamment scandée pour que l'on sache *comment nous allons nous y prendre*.
- Suffisamment réaliste pour qu'elle soit attractive.

• Pour offrir une latitude d'adaptation à la réalité qui permettra de continuer à mobiliser notre énergie.

> Pour poursuivre notre action, nous avons besoin de pouvoir l'adapter au fil de l'eau, au gré de l'inspiration du moment comme en réponse aux éléments environnementaux se présentant sur le chemin.

Cela signifie de s'accorder :

- une marge de manœuvre suffisante ;
- une confiance en soi suffisante ;
- un droit à l'erreur suffisant.

... cela se passe

COMMENT FAIRE ?... POUR PENSER AVEC CRÉATIVITÉ

- Accepter d'être déstabilisé.
  - L'habitude nous sécurise mais elle nous enferme aussi dans un fonctionnement qui a de fortes chances de générer à l'avenir ce que nous avons déjà connu par le passé.

  → *Quelle est la dose d'inconfort que je peux souhaiter ?*

- Accepter de ne pas savoir à l'avance.
  - Les prévisions nous permettent d'anticiper mais elles nous coupent aussi de toutes les bonnes idées que l'on ne peut avoir que sur l'instant parce qu'elles se nourrissent de cet instant.

  → *Quelle est la dose d'incertitude que je peux souhaiter ?*

- Accepter de ne pas être déjà à la hauteur.
  - Nos compétences nous permettent d'accomplir aisément un certain nombre de choses mais elles restreignent aussi le champ de nos ambitions.

  → *Quelle est la dose d'apprentissage que je peux souhaiter ?*

Dessiner nos objectifs et nos buts de manière créative

Trouver ...

COMMENT FAIRE ?… POUR PENSER CONSTRUCTIVEMENT

• S'orienter vers l'objectif à atteindre dans le futur et identifier les responsabilités en matière de mise en œuvre du changement.

- Quel est le but à atteindre ?
- Comment saurons-nous que nous l'avons atteint ?
- Quelles sont les ressources dont nous pouvons disposer pour l'atteindre ?
- Dans quel délai souhaitons-nous l'atteindre ?
- Quel plan d'action pour l'atteindre ?
- Quelles seront les personnes concernées ?

• Limiter l'analyse du problème à la seule recherche d'informations permettant de décrire la situation.

- Qu'est-ce qui précisément pose problème dans la situation ? (Quoi ? Qui ? Où ? Comment ? Quand ? Pourquoi ?)
- Quels sont les éléments à conserver dans la situation présente ?

• Envisager les conséquences du changement à accomplir pour s'assurer qu'il s'intégrera aisément dans le contexte.

- Quelles seront les résultantes du changement qui pourraient à leur tour générer des problèmes ?
- Y a-t-il des inconvénients à réussir cet objectif ?

… des pistes d'action

FORMULER UN OBJECTIF DE MANIÈRE CONSTRUCTIVE

1. Circonscrire le périmètre de l'objectif à ce qui est de notre seule responsabilité (individuelle ou collective).
   (se focaliser sur ce que l'on peut faire, à l'intérieur de la marge de manœuvre dont on dispose, pour aller vers l'objectif partagé.)
   - Quelle contribution puis-je apporter pour œuvrer *dans le bon sens* ? (au vu de mes ressources, de la place que j'occupe et de mes attributions, du niveau d'engagement que j'ai envie de déployer, etc.)
2. Utiliser une formulation positive et spécifier le contexte dans lequel on souhaite l'atteindre.
   (décrire ce que l'on tend à obtenir à la place de ce dont on ne veut plus).
   - Préciser les éléments qui permettront de savoir :
     - que l'on progresse dans la bonne direction ;
     - que l'on a réussi à l'atteindre.
3. S'assurer de la faisabilité de cet objectif dans le contexte que l'on a défini (notamment au regard du temps, des ressources disponibles ou déblocables, etc.).
4. Prévoir un processus de « suivi » afin de :
   - Se féliciter du chemin déjà accompli.
   - Effectuer les *ajustements* et *réglages* du processus au fil de l'expérience.

Dessiner nos objectifs et nos buts de manière créative

Fermer les yeux quelques instants et laisser votre respiration s'amplifier depuis le creux de votre ventre jusqu'à l'espace situé entre vos côtes et laisser émerger la compréhension sensorielle, émotionnelle et mentale que tout cela revêt pour vous.

Prenez le temps d'écouter vos associations d'idées et notez les échos que ce champ d'exploration éveille chez vous :

« De quelle façon ma vision de l'expérience humaine est-elle enrichie ? »

« Qu'est-ce que je saisis maintenant avec plus d'acuité ? »

« Sur quelles nouvelles opportunités tout cela débouche-t-il pour moi ? »

« En quoi une joie durable peut-elle émerger de cela ? »

Laissez émerger une représentation sensorielle de la forme que tout cela prend pour vous et transcrivez-la pour mettre cet ouvrage aux couleurs de votre vie.
À vos crayons maintenant !!

Mettre nos ressources en action

Comprendre comment ...

POUR QUOI ?... (FAIRE) UN EFFORT CONSCIENT ET METTRE SES RESSOURCES EN ACTION

• Pour avoir conscience de la quantité, de la variété et de la qualité de ce que nous pouvons mettre en œuvre pour atteindre nos objectifs :

- L'ensemble de ce que nous a appris notre expérience dans les domaines similaires à ceux dans lesquels nous visons nos objectifs.
- L'ensemble de ce que nous avons développé dans des domaines différents qui concourent toutefois à nous rendre à même de mener à bien ces objectifs.

• Pour optimiser, par la conscience que l'on y insuffle, la performance des processus par lesquels notre inconscient se met à notre service pour nous permettre d'atteindre nos objectifs.

• Pour dissoudre par notre action consciente les processus par lesquels notre inconscient atteint ses propres objectifs parfois au détriment « des nôtres ».

… cela se passe

• Pour reconnaître, et dès lors être à même de les mobiliser, les ressources dont notre environnement recèle, notamment au travers des personnes qui nous entourent ou que, tout simplement, nous côtoyons.

• Parce que si nous ne sommes pas « préparés », nous ne pourrons saisir les « opportunités » lorsqu'elles se présenteront, ce qui reviendrait, à laisser passer sa « chance ».

運氣 *L'idéogramme chinois signifiant « chance » combine ceux signifiant « préparation » et « opportunité » : sans préparation, les opportunités nous sont inutiles.*

Nos ressources sont avant tout « *internes* »
c'est-à-dire qu'elles appartiennent à notre potentiel de savoir-être, savoir-faire et savoirs.

Nous pouvons aussi réunir autour de nous des ressources « *externes* », qu'elles soient humaines, stratégiques ou matérielles.

Mettre nos ressources en action

Trouver ...

COMMENT FAIRE ?...

- Oser se fixer des objectifs
  - ➢ C'est-à-dire : oser transformer ses désirs, envies, aspirations, etc. en « projets ».
    - - C'est-à-dire lutter contre cette « usure de la vie » qui ferait que l'on « s'assagisse » et que l'on ne court plus après rien sous prétexte que l'on a essuyé des échecs par le passé.

- Oser mettre de soi-même et de son énergie dans l'atteinte de ces objectifs.
  - ➢ C'est-à-dire : oser risquer d'y « perdre des plumes ».

- C'est-à-dire apprendre peu à peu à voir la manière dont le fait même de« perdre des plumes » nous rapproche de nous-mêmes puisque l'on prend conscience que ces « plumes », auxquelles on avait tendance à s'identifier, n'ont jamais réellement été « nous » et ne seront jamais notre « essence ».

- Oser se faire confiance.
  - ➢ C'est-à-dire : oser miser sur ces capacités intrinsèques qui sont les nôtres à « faire face » et à apprendre des événements et des circonstances.
    - - C'est-à-dire compter plus encore sur sa faculté à « se dépasser » que sur sa capacité à reproduire ce que l'on a déjà appris auparavant.

... des pistes d'action

POUR « ANCRER » VOS RESSOURCES

1. Identifiez ce dont vous avez besoin pour gérer au mieux une situation (confiance, humour, curiosité, lâcher prise, amour, persévérance, etc.).
2. Choisissez une image / un son intérieur, un geste symbolique et passe partout, qui vous serviront d'*ancre*.
3. Prenez un temps de rencontre avec vous-même et associez-vous avec les situations où, par le passé, vous avez déjà expérimenté ces ressources que vous souhaitez voir jaillir à nouveau en vous.

   Pour cela, installez-vous confortablement et, fermant les yeux, revoyez tout ce que vous voyiez à ces moments-là où vous avez été en contact avec vos ressources à l'intérieur de vous, entendez à nouveau tout ce que vous entendiez en étant connecté avec ces ressources et ressentez-les à nouveau habiter votre corps et votre être en respirant profondément pour permettre à ces sensations de diffuser à l'intérieur de chacune de vos cellules.

   Vous pouvez procéder de la sorte en laissant successivement revenir à votre esprit plusieurs situations différentes où vous avez expérimenté des ressources analogues.
4. Laissez l'image, le son et/ou geste choisi(s) s'associer tout simplement à la sensation que vous ressentez en étant connecté avec vos ressources à l'intérieur de vous.
5. Avant que la sensation ne commence à s'atténuer, penser volontairement à autre chose pour modifier votre univers intérieur puis tester l'*ancre*.

   Pour cela, faites revenir consciemment à votre esprit l'image, le son et/ou le geste et observer ce qui se passe à l'intérieur de vous : quelque chose de votre expérience est modifié sans que rien à l'extérieur ne change.
6. Il vous suffira de *ré-activer* l'*ancre* pour continuer à bénéficier de vos ressources en toutes circonstances.

Mettre nos ressources en action

Fermer les yeux quelques instants et laisser votre respiration s'amplifier depuis le creux de votre ventre jusqu'à l'espace situé entre vos côtes et laisser émerger la compréhension sensorielle, émotionnelle et mentale que tout cela revêt pour vous.

Prenez le temps d'écouter vos associations d'idées et notez les échos que ce champ d'exploration éveille chez vous :

« De quelle façon ma vision de l'expérience humaine est-elle enrichie ? »

« Qu'est-ce que je saisis maintenant avec plus d'acuité ? »

« Sur quelles nouvelles opportunités tout cela débouche-t-il pour moi ? »

« En quoi une joie durable peut-elle émerger de cela ? »

Laissez émerger une représentation sensorielle de la forme que tout cela prend pour vous et transcrivez-la pour mettre cet ouvrage aux couleurs de votre vie.
À vos crayons maintenant !!

Garder le discernement du recul

Comprendre comment ...

POUR QUOI (FAIRE) ?...

• Pour être attentif à préserver l'équilibre à long terme de notre/nos écosystème(s) :

➢ Celui/ceux que nous sommes :
- l'équilibre de notre écosystème physique procure une sensation de santé ;
- l'équilibre de notre écosystème mental procure une sensation de lucidité clairvoyante ;
- l'équilibre de notre écosystème existentiel ou spirituel procure une sensation d'épanouissement.

L'équilibre de ces trois écosystèmes réunis procure la sensation d'une vie pleine de sens.

➢ Celui/ceux dans lequel/lesquels nous sommes intégrés :
- notre famille ;
- notre contexte professionnel ;
- notre contexte social ;
- ...
- la société ;
- l'humanité ;
- la planète Terre.

L'équilibre (ou le déséquilibre) de ces écosystèmes nous touchent tous de manière plus ou moins directe.

… cela se passe

PARCE QUE TOUT S'INSCRIT DANS TOUT.

- Même si l'équilibre n'est pas rigidité mais, au contraire, mouvement et fluidité, il ne peut se développer et s'ancrer qu'en deçà d'une zone de non-retour.
  - Perdre l'esprit de cela c'est risquer d'aller trop loin dans une direction et de casser quelque chose d'autre qui pourtant était important pour nous.

Lorsque nous **concevons notre vie comme un tout,** nous développons aussi la conscience que nos actions s'inscrivent elles aussi dans un tout (ce que nous disons, la manière dont nous nous comportons, etc., a un impact sur nous et sur notre environnement).

Il devient alors plus automatique de prendre soin de :

modérer ses paroles,
écouter autrui,
prendre en compte les intérêts divergents,
pondérer ses décisions,
etc.

Garder le discernement du recul

Trouver ...

COMMENT FAIRE ?...

- Garder toujours un œil en dehors de l'action.
  - « Lever la tête du guidon » :
    - prendre le temps de regarder les choses avant d'agir ;
    - prendre le temps de se questionner sur ce qui a réellement de l'importance dans la situation ;
    - prendre le temps de clarifier la finalité de ce que l'on veut obtenir dans cette situation ;
    - prendre le temps d'envisager plusieurs manières de parvenir à cette finalité ;
    - prendre le temps de se mettre dans la peau de ceux qui nous sont chers pour avoir une idée de ce qu'ils vivent dans la situation ;
    - prendre le temps de communiquer avec les gens autour de soi pour maintenir le contact existentiel avec eux.
  - « Garder le cap » tout en acceptant que la ligne droite est rarement la plus sûre pour nous amener à nos objectifs.
    - sentir d'où vient le vent (c'est-à-dire être attentif aux influences motrices que nous rencontrons) ;
    - tirer des bords en conséquence (c'est-à-dire, quitte à avoir la sensation de s'éloigner du but, être dans la perspective d'utiliser au mieux les circonstances).

... des pistes d'action

SAVEZ-VOUS QU'IL VOUS ARRIVE DE VOUS OBSERVER AGIR DEPUIS L'EXTÉRIEUR DE VOUS-MÊME ?

Nous disposons tous de **deux manières d'être au monde** :

La manière dite *associée* : nous regardons les choses à travers nos yeux, nous voyons et entendons autour de nous ce qui se déroule dans le monde extérieur, notre corps est en prise directe avec les sensations générées par l'expérience.

Notre monde intérieur est imprégné du monde extérieur.

Ce positionnement est utile pour nous permettre de :

• Nous ressourcer des moments où l'expérience et l'environnement sont propices à cela.

• Agir et exercer une influence sur la situation que nous rencontrons.

Vous êtes dans cette position perceptuelle à chaque fois que vous dites « Je ».

La manière dite *dissociée* : nous regardons les choses comme si nous étions spectateur de ce qui se passe et de nous-mêmes, nous avons la vision de ce qui s'est passé par le passé et nous pouvons anticiper sur ce qui se passera dans l'à venir, nous avons connaissance des sensations générées par la situation mais elles ne nous atteignent pas directement.

Notre monde intérieur met à distance le monde extérieur.

Ce positionnement est utile pour nous permettre de :

• Analyser une situation dans sa complexité et en dégager une stratégie pour l'avenir.

• Rester en possession de nos ressources lorsque les émotions viendraient sans cela perturber notre capacité à penser et à agir.

Vous pouvez vous mettre dans cette position perceptuelle en parlant de vous-même à la 3e personne ou en vous appelant vous-même par votre prénom.

Garder le discernement du recul

Fermer les yeux quelques instants et laisser votre respiration s'amplifier depuis le creux de votre ventre jusqu'à l'espace situé entre vos côtes et laisser émerger la compréhension sensorielle, émotionnelle et mentale que tout cela revêt pour vous.

Prenez le temps d'écouter vos associations d'idées et notez les échos que ce champ d'exploration éveille chez vous :

« De quelle façon ma vision de l'expérience humaine est-elle enrichie ? »

« Qu'est-ce que je saisis maintenant avec plus d'acuité ? »

« Sur quelles nouvelles opportunités tout cela débouche-t-il pour moi ? »

« En quoi une joie durable peut-elle émerger de cela ? »

Laissez émerger une représentation sensorielle de la forme que tout cela prend pour vous et transcrivez-la pour mettre cet ouvrage aux couleurs de votre vie.
À vos crayons maintenant !!

Élargir le champ du possible

Comprendre comment ...

QU'EST-CE QUI EST DE L'ORDRE DU « POTENTIEL » POUR NOUS ?

• Ce qui existe déjà à l'extérieur du périmètre dans lequel nous nous confortons d'habitude.

➢ L'inconnu que nous n'avons pas encore exploré par delà les frontières de notre territoire : ce qui, jusqu'à présent, était hors de notre atteinte parce que nous n'avions pas été le chercher.

• Ce qui est différent de ce que à quoi nous recourons d'habitude et qui pourtant existe déjà dans le périmètre qui nous est familier.

➢ La diversité que nous n'avons pas encore explorée de faire autrement ce que nous faisons déjà : ce qui, jusqu'à présent, s'exprimait de manière rigide parce que nous n'avions pas développé notre flexibilité.

• Ce qui n'existe pas encore mais qui est déjà dans le domaine de la potentialité.

➢ La marge de progression potentielle que nous n'avons pas encore explorée : les richesses auxquelles nous n'avons jusqu'à présent pas même pensé car nous ne savions pas que nous y avons accès.

À titre d'exemple : les 95 % de notre potentiel neurologique dont les chercheurs disent que nous ne les exploitons pas, mais dont ils ne savent pas vraiment en quelles aptitudes ils consistent.

⬇

Quelle que soit la manière de le définir,
notre potentiel est par définition indéfinissable

... cela se passe

• Ce qui existe déjà dans notre vie et dont nous n'avons pourtant pas conscience.

> Chaque jour nous côtoyons de multiples potentialités, ces opportunités deviennent notre potentiel dès lors que nous apprenons à les voir et que nous choisissons de nous en saisir.
> Tout se passe comme s'il nous était possible d'utiliser plus largement les ressources et la créativité dont notre présent recèle.

• Ce qui n'existe pas dans notre vie et dont nous avons pourtant conscience qu'il pourrait exister.

> Chaque jour nous aspirons à développer certains pans de notre expérience et de nous-mêmes, cet appel devient notre potentiel dès lors que nous apprenons à l'écouter, à lui faire confiance et à mobiliser notre énergie dans ce sens.
> Tout se passe comme s'il nous était possible de créer ce dont nous avons besoin / envie pour sentir que notre vie prend tout son sens.

• Ce qui n'existe pas dans notre vie et dont nous aurions pourtant besoin de perdre la conscience.

> Chaque jour nous voyons certaines de nos attentes déçues, ne serait-ce qu'en ce qui concerne le sentiment que la réussite génère finalement, ces illusions deviennent notre potentiel dès lors que nous apprenons à nous passer d'elles.
> Tout se passe comme s'il nous était possible de voir en leur perte un moyen de s'ouvrir sur notre propre créativité car ces illusions nous avaient en général été apprises d'autrui.

Élargir le champ du possible

Trouver ...

COMMENT FAIRE ?...

• Regarder les obstacles comme des opportunités :
Ce qui nous limite nous ré-oriente vers de nouveaux potentiels.

- Prendre conscience et accepter le sentiment de frustration qui naît lorsque nous sommes arrêtés dans nos projets.
- Identifier la partie de soi qui est blessée dans son image d'elle-même face à cet obstacle.
- Laisser place au doute de ne pas être déjà détenteur de la Vérité :
  « Qu'est-ce que la Vie cherche à m'apprendre par cet obstacle ? »
- Chercher à négocier avec sa vie même si l'on ne négocie pas avec la Vie :
  « Sur quelle dimension ma vision de la vie doit-elle s'ouvrir et s'élargir pour englober à la fois les restrictions auxquelles je suis confronté et l'amplitude de mes aspirations ? »
- Trouver une manière d'être en vie, d'avoir envie et d'agir qui inclut la complexité et laisse coexister les contradictions :
  « De quelle façon mes habitudes et ce que je croyais être mon tempérament, ma personnalité, etc., évoluent-ils en regard de cette nouvelle vision ? »

... des pistes d'action

• Développer plus de flexibilité dans nos *aspirations* :
Ce qui nous met en action rigidifie aussi nos attentes à l'égard de la vie.

- Développer un certain « lâcher prise » pour cesser de lutter contre la Réalité et donc mieux nous y adapter.
- Élargir notre champ de conscience en « changeant de niveau logique » :

  « Qu'est-ce que je cherche à satisfaire par delà l'obtention de ce à quoi j'aspire ? »

  « En quoi l'aspiration à cette satisfaction-là devient-elle fondamentale et suffit-elle à remplacer ce à quoi j'aspirais à l'origine ? »

  « Quelles sont les multiples autres façons de trouver satisfaction à cette aspiration fondamentale ? »

L'école de Palo Alto a mis en relief l'existence de **2 types de changements** :

Changement dit de niveau 1 : « plus ça change plus c'est la même chose »
Le changement ne s'applique plus sur les mêmes composantes mais il continue à s'appliquer de la même façon sur les autres composantes : la manière de faire n'a pas été transformée mais simplement déplacée.
L'impact du changement est localisé sur la forme que prennent les choses.

Changement dit de niveau 2 : « la différence qui fait la différence »
Le changement est inscrit dans une transformation de la façon même de changer : qu'il s'applique ou non sur les mêmes composantes, celles-ci changent différemment de la manière dont elles changeaient avant.
L'impact du changement est focalisé sur la structure des choses elles-mêmes.

Élargir le champ du possible

Fermer les yeux quelques instants et laisser votre respiration s'amplifier depuis le creux de votre ventre jusqu'à l'espace situé entre vos côtes et laisser émerger la compréhension sensorielle, émotionnelle et mentale que tout cela revêt pour vous.

Prenez le temps d'écouter vos associations d'idées et notez les échos que ce champ d'exploration éveille chez vous :

« De quelle façon ma vision de l'expérience humaine est-elle enrichie ? »

« Qu'est-ce que je saisis maintenant avec plus d'acuité ? »

« Sur quelles nouvelles opportunités tout cela débouche-t-il pour moi ? »

« En quoi une joie durable peut-elle émerger de cela ? »

Laissez émerger une représentation sensorielle de la forme que tout cela prend pour vous et transcrivez-la pour mettre cet ouvrage aux couleurs de votre vie.
À vos crayons maintenant !!

… laissant le chemin se révéler …

En cheminant à travers ces axes de progrès, vous avez certainement déjà pu commencer à vous rappeler qu'il est utile de porter attention aussi au *voyage* pas seulement à la *destination*. Nos rythmes de vie et les enjeux quotidiens que nous relevons ont tendance à nous faire oublier que le sens de l'action est aussi dans l'action, pas seulement dans le résultat.

L'expérience humaine se décline sur plusieurs plans, dans plusieurs dimensions qui ont chacune leur rythme, leurs besoins, leurs joies, leurs difficultés, leurs écueils, leur progressivité, leur substance, leur texture…

Ainsi, dans une approche holistique notre vie peut être décrite comme issue de plusieurs alliages : les dimensions physique - mentale - émotionnelle - spirituelle, les sphères individuelle - intime - sociale - collective, les relations à la matière - aux personnes - à la nature - au sacré.

Ces dimensions sont imbriquées les unes dans les autres, contribuent les unes aux autres et pourtant, leurs natures étant différentes, restent intrinsèquement autonomes les unes des autres.

Garder cela à l'esprit en même temps que nous déroulons notre chemin de vie permet de veiller à assurer notre évolution sur chacun de ces plans sans que leur autonomie respective ne se transforme en scission comme cela peut être le cas lorsque l'un d'eux prend le dessus sur tous les autres.

Ce regard *multidimensionnel* garde la conscience éveillée aux enseignements dont sont porteurs les événements qui nous arrivent et nous permet donc de réguler notre vie et la manière dont nous la pilotons : tel niveau d'implication n'empiète-t-il pas sur tel autre ? Comment les concilier tous ? Comment faire pour qu'ils s'enrichissent mutuellement ?

Ces questions représentent un défi pour chacun, ce qui requiert que nous soyons alertes à saisir les opportunités, à faire avec les contraintes et à céder sur ce qui se révèle impossible.

Vu sous cet angle, plus nous sommes vigilants à capter l'enseignement dont les situations que nous rencontrons sont porteuses et plus nous orientons en conséquence nos actions, décisions et plans d'action, plus nous nous rendons compte tôt des éventuels décalages qui se créent entre les différentes dimensions de notre vie et plus nous pourrons les résorber sans atteindre la scission.

Tout ceci participe d'une invitation à faire *avec* la vie plutôt que *contre* elle, quitte à faire autrement que ce nous avions imaginé, et y compris en étant créatif tant sur ce que nous visons que sur la manière d'y parvenir.

« Oui, me direz-vous peut-être pourtant, mais il y a des gens à qui cela réussit de planifier leur vie, alors pourquoi devrais-je moi faire en sorte d'être attentif aux événements qui jalonnent ma vie ? Ne serait-ce pas une manière de me déposséder de mon libre arbitre ? »

Ma réponse serait alors : « Sommes-nous sûrs que ce sont réellement eux qui planifient leur vie ? Vont-ils jusqu'à planifier leur mort ? »

Et aussi : « Notre vie serait-elle réellement intéressante si nous savions que ce que nous avons planifié sera ? »

… vous suivez votre cap

Quatrième champ d'expérimentation et d'action

Devinette :
Qu'est-ce qui musèle notre souveraineté ?

Réponse : La paresse avec laquelle nous l'abdiquons.

Expérimenter notre libre arbitre tout en respectant la Vie

Avez-vous déjà expérimenté sentir que ce qui convient à d'autres ne convient pas à votre chemin bien que vous souhaitiez avancer dans la même direction ?

Vous est-il déjà arrivé d'accepter de dissocier vos actions de celles de personnes auxquelles vous accordez pourtant crédit ?

Si vous avez répondu « Oui » même à une seule de ces questions, alors c'est que vous avez déjà plus ou moins consciemment déduit ce qui suit...

L'idée de ce champ d'exploration de l'expérience humaine est de prendre conscience que notre parcours de vie nous appartient en propre à tel point que nul autre que nous ne peut savoir ce qui nous convient.

Pourtant, il ne nous est pas toujours facile d'assumer le libre arbitre qui en découle, notamment lorsque cela peut potentiellement amener à des divergences avec les personnes qui nous sont chères.

En effet, tout se passe comme si nous étions aveugles au fait que lorsque la vérité de l'un est différente de la vérité de l'autre, ce n'est peut-être pas forcément le signe qu'elles ne sont pas compatibles l'une avec l'autre.

Cela est aussi simple que cela, et pourtant cela peut potentiellement restreindre notre latitude et notre libre arbitre pour, en notre nom propre, analyser les situations, prendre des décisions, poser des actes et des paroles qui nous engagent dans notre destinée.

Ainsi, si vous deviez n'explorer qu'une seule direction de ce champ d'expérimentation de la conscience humaine, je vous propose de la laisser émerger de : « Lorsque nous sommes seuls à penser qu'une chose est appropriée, ce n'est pas forcément qu'elle ne l'est pas parce qu'elle n'a pas besoin d'être universellement reconnue comme telle pour être appropriée pour nous. » Interagissant avec : « Lorsque nous sommes seuls à penser qu'une chose est appropriée, ce n'est pas forcément que ce que les autres pensent ne l'est pas parce que les visions n'ont pas besoin d'être identiques pour être compatibles. »

Donc, lorsque vous vous trouvez devant le fait d'avoir (au choix) à vous démarquer de ceux que vous appréciez par ailleurs, à défendre un point de vue ou une position à laquelle vous tenez, à privilégier votre approche en dépit de celles des autres, bref, alors que ce genre de situation a le plus souvent tendance à générer des conflits, ou pour le moins des prises de distance, cherchez à faire émerger les champs de complémentarités des différentes approches individuelles ainsi que la manière d'utiliser cette complémentarité.

Effectivement, lorsqu'il nous semble falloir choisir entre la fidélité et la loyauté envers nous-mêmes et la fidélité et la loyauté envers autrui, c'est que c'est le moment de (nous) poser (les choses) et de s'ouvrir pour élargir notre vision et celle d'autrui sur la manière dont les sphères individuelles et les *mondes* qui en découlent peuvent s'interpénétrer sans se restreindre.

Cela peut paraître irréaliste, pourquoi ne pas considérer cela comme décrivant mieux la Réalité de nos expériences humaines dans ce monde, surtout lorsque nous restons conscients de la nature toute relative et non exhaustive de nos réalités.

Pour faire cela, il est utile de nous dégager des illusions qui restreignent notre action et de mettre à profit nos capacités à apprendre.

Faisant cela, nous magnifions le processus de la Vie et renforçons notre libre arbitre tout en respectant celui des autres : il en résulte du *vivre plus* pour nous-mêmes et ceux que nous croisons.

Pouvoir et savoir apprendre

Comprendre comment ...

LES FONDEMENTS DE NOTRE RELATION À NOUS-MÊMES

- Le poids d'une situation dans le processus de construction de l'image de soi est démultiplié par le challenge affectif auquel elle est associée.
  - ➢ Un *échec* à une situation à fort enjeu en termes de gain ou de perte possibles d'amour / de reconnaissance / de respect, impactera plus l'image que nous avons de nous-mêmes qu'une multiplicité de succès quotidiens.
- La maturité affective repose sur notre capacité à construire par nous-mêmes notre propre image de nous-mêmes.
  - ➢ Lorsque nous sommes enfants, nous dépendons essentiellement de l'image renvoyée par les autres pour savoir qui nous sommes ; en grandissant, nous apprenons à nous connaître et à reconnaître, ou non, certaines caractéristiques comme faisant partie de nous.
- La distance affective provient de notre aptitude à analyser avec un maximum d'objectivité les situations et les résultats que nous y avons obtenus.
  - ➢ Au démarrage, notre sentiment d'avoir ou non été à la hauteur dépend uniquement du résultat « brut » (ça a marché ou pas) ; en grandissant, nous apprenons à analyser les tenants et les aboutissants de la situation au regard des circonstances dans lesquelles nous avons agi.

… cela se passe

ET LES DOUTES DANS TOUT ÇA ?…

• Ils sont issus de la combinaison des trois facteurs décrits précédemment.
Durant notre enfance, nous avons tous connu des situations disproportionnées (ne serait-ce que légèrement) avec nos moyens physiques et psychiques de l'époque.

→ Chacun de nous a, *engrammées* dans son image de lui-même, des situations d'échec où :

- Il était (ne serait-ce que dans son imaginaire) dans une situation à fort enjeu affectif : « je ne serai plus aimé si je rate ».
- Il a pris pour argent comptant l'image renvoyée par les autres (ne serait-ce que par ses camarades de classe).
- Il n'avait pas les moyens de comprendre que c'était perdu d'avance (mais que ce qu'il a néanmoins réussi n'était déjà pas si mal compte tenu du contexte).

→ L'idée est donc de périodiquement *actualiser consciemment* l'image que nous avons de nous-mêmes en incluant autant l'analyse des situations que ce que nous y révélons de nous, qu'elles soient ordinaires ou extraordinaires.

Nous avons encore plus peur de la peur que de ce qui nous fait peur

→ Avoir conscience que l'on a peur permet déjà d'accomplir du chemin en direction d'une solution.

→ L'importance d'accepter ses peurs et de les déjouer en les décodant comme une invitation à une vigilance toute légitime.

Pouvoir et savoir apprendre

Trouver ...

COMMENT FAIRE ?...

• Reconsidérer nos *échecs* à la lumière d'une analyse lucide des ressources dont nous ne disposions pas à cette époque pour faire face à la situation :

- le potentiel que nous n'avions pas encore développé ;
- l'assistance que nous n'avons pas toujours reçue.

• Reconsidérer nos échecs à la lumière d'une analyse lucide de ce que, nous avons néanmoins mis en œuvre pour faire face à la situation :

- Les « moyens du bord » avec lesquels nous avons tenté de les éviter.
- La manière dont nous avons contribué à obtenir le « moins pire ».

• Reconsidérer nos succès à la lumière d'une analyse lucide de ce que nous aurions pu rater :

- Même si le challenge était à notre portée (puisqu'il n'était justement pas disproportionné avec notre potentiel développé) réussir n'était pas pour autant anodin ; nous y avons mis du nôtre, cela ne se serait pas fait tout seul.

... des pistes d'action

POUR VOUS « *DISSOCIER* » D'UN *CLIMAT INTÉRIEUR* QUI VOUS FREINE DANS L'ATTEINTE DE VOS OBJECTIFS (PEUR, MANQUE DE CONFIANCE, COLÈRE, RIGIDITÉ, ETC.)

1. Prenez un temps de dialogue avec vous-même et installez dans votre monde intérieur un « écran » sur lequel vous pouvez projeter des images. Choisissez l'emplacement de cet écran imaginaire (position dans l'espace, dimensions, distance à laquelle il est placé, etc.) de telle sorte qu'il vous soit aisé de visualiser les images qui s'y projettent.
2. Laissez un bref instant se dérouler devant vous sur cet écran le film de vous-même dans la situation qui vous est difficile : vous pouvez décrire depuis l'extérieur ce que cet autre vous-même sur l'écran expérimente, ce qu'il(elle) fait, dit, etc.
   Identifiez la(les) ressource(s) dont cet autre vous-même sur l'écran a besoin pour faire plus efficacement face à la situation qui lui pose un défi.
3. *Ancrez* cette(ces) ressource(s) en procédant selon la méthode décrite à la page 72 « *Mettre nos ressources en action* ».
4. Tout en activant l'ancre ainsi posée, faites à nouveau défiler devant vous le film de vous-même dans la situation qui vous était difficile et observez les modifications qui se produisent dans le scénario et les jeux d'acteurs. Observez notamment la manière dont vous-même sur l'écran êtes en train d'apprendre à garder le contact avec vos ressources tout en étant confronté à une situation comportant un défi.
   Pensez à jouer pour vous-même sur l'écran le rôle de *metteur en scène* en donnant à l'*acteur* des instructions pour améliorer encore sa performance.
5. Associez-vous à la partie de vous-même qui a appris à gérer efficacement la situation en la prenant dans vos bras et partagez avec elle ses nouvelles aptitudes.
   Ressentez la manière dont tout cela se manifestera à l'avenir lorsque vous serez confronté à la situation.

Pouvoir et savoir apprendre

Fermer les yeux quelques instants et laisser votre respiration s'amplifier depuis le creux de votre ventre jusqu'à l'espace situé entre vos côtes et laisser émerger la compréhension sensorielle, émotionnelle et mentale que tout cela revêt pour vous.

Prenez le temps d'écouter vos associations d'idées et notez les échos que ce champ d'exploration éveille chez vous :

« De quelle façon ma vision de l'expérience humaine est-elle enrichie ? »

« Qu'est-ce que je saisis maintenant avec plus d'acuité ? »

« Sur quelles nouvelles opportunités tout cela débouche-t-il pour moi ? »

« En quoi une joie durable peut-elle émerger de cela ? »

Laissez émerger une représentation sensorielle de la forme que tout cela prend pour vous et transcrivez-la pour mettre cet ouvrage aux couleurs de votre vie.
À vos crayons maintenant !!

Se dégager de ce qui restreint illusoirement notre capacité d'action

Comprendre comment ...

QU'EST-CE QU'UNE REPRÉSENTATION QUI RESTREINT NOTRE CAPACITÉ D'ACTION ?

- Une manière d'envisager la situation qui porte en elle le problème.

➢ Une fois que nous avons appris à identifier un problème, nous perdons la capacité à ne pas le voir :
c'est-à-dire que nous perdons la spontanéité qui nous permettrait de voir autre chose et de faire d'autres liens que ceux qui indiquent qu'il y a un problème.

- Cela se passe de la même façon que, ayant appris à repérer une constellation dans le ciel étoilé, nous ne pouvons nous empêcher de la voir dès le premier abord, nous coupant ainsi d'une certaine manière de l'opportunité de voir d'autres configurations possibles d'étoiles.

➢ Sauf à faire un effort conscient pour « s'entendre penser », nous ne savons pas que c'est parfois notre manière même de percevoir et de trier les informations présentes au sein de la *Réalité* qui crée un problème dans notre *réalité*.

- Cela se passe de la même façon que lorsque nous ne trouvons pas le trousseau de clés qui est sous nos yeux : le problème n'est pas dans la *Réalité* mais dans notre manière de nous en construire une représentation, une *réalité*.
Tout se passe alors comme si, nous n'arrivons qu'à penser de la façon qui nous limite dans l'impossible.

… cela se passe

QU'EST-CE QU'UNE REPRÉSENTATION QUI NOUS OUVRE À NOTRE CAPACITÉ D'ACTION ?

- Une manière de poser le problème qui porte en elle la solution.
  - Nous trouvons la marge de manœuvre où se situe la solution lorsque, au lieu d'appliquer nos schémas de pensée, nous cherchons précisément cette marge de manœuvre.
    Nous faisons alors preuve de flexibilité en voyant les choses sous différents angles, en les entendant autrement et en les appréhendant de façon nouvelle.
    - Cela se passe ainsi lorsque soudain émerge un « Euréka, mais bon sang mais c'est bien sûr !» : les choses extérieures n'ont pas changé mais nous leur avons appliqué un mode de traitement différent, c'est dans ce mode de traitement lui-même qu'a résidé la solution.

S'il n'y a pas de solution à un problème alors
ce problème n'en est pas un et ce n'est pas la peine de se faire du souci :
il suffit de lâcher prise !

S'il y a une solution à un problème alors
ce problème n'en est pas un et ce n'est pas la peine de se faire du souci :
il suffit d'agir !

(l'une des devises de sagesse bouddhique)

Se dégager de ce qui restreint illusoirement notre capacité d'action

Trouver ...

COMMENT FAIRE ?...

- Écouter la structure sous-jacente au langage pour :
  - ➢ Identifier les pans d'expériences perçus de manière limitante pour nous.
    - Les cartes mentales[1] qui restreignent notre marge de manœuvre.
  - ➢ Questionner ces pans d'expériences en les étirant et en les recomposant.
    - Les ouvertures ainsi créées génèrent plus de liberté et de flexibilité dans notre esprit.

SAVEZ-VOUS QUE LE LANGAGE TRADUIT LA MANIÈRE DONT NOUS CONSTRUISONS NOS REPRÉSENTATIONS ?

Le méta-modèle[2] distingue **3 types de phénomènes** :
Les Omissions : phénomène par lequel certains éléments d'information sont (le plus souvent inconsciemment) laissés de côté. Le fait que ces informations ne soient pas prises en compte nous donne une image incomplète de la Réalité en ce que nous restons à un niveau superficiel de préhension.
Les *omissions* se manifestent dans le langage par des expressions laconiques : « je suis content » « c'est mieux comme ça... »

Afin d'aller plus loin il est utile de répondre aux questions telles que :
« Sur quoi te bases-tu pour dire que... ? » « Qu'est-ce qui est mieux que quoi ? »

---

1. Carte mentale : expression utilisée pour désigner l'ensemble des processus cognitifs par lesquels nous percevons et classifions notre expérience de la réalité.

2. Méta-modèle : Outil développé par la PNL pour déceler et comprendre à travers le langage les articulations logiques qui structure notre carte mentale.

... des pistes d'action

Les Généralisations : phénomène par lequel certains éléments d'information sont (le plus souvent inconsciemment) considérés comme universellement vrais. Le fait que nous ne prenions pas en compte les spécificités d'un contexte nous donne une image hypertrophiée de la Réalité en ce que nous réduisons la variété des composantes.
Les *généralisations* se manifestent dans le langage par des expressions péremptoires : « il faut... » « il est impensable de ne pas... » « c'est toujours/ jamais... »

Afin d'aller plus loin il est utile de répondre aux questions telles que :
« Que se passerait-il si l'on enfreignait la règle ? » « Quelles sont les situations qui font exception à la règle ? »

Les Distorsions : phénomène par lequel certains éléments d'information sont (le plus souvent inconsciemment) corrélés entre eux de manière hâtive. Le fait que nous mélangions entre eux des éléments de natures différentes nous donne une image déformée de la Réalité en ce que nous interprétons les données selon des modèles qui nous sont propres.
Les *distorsions* se manifestent dans le langage par des expressions faisant part d'associations de pensées : « il fait/dit..., il veut/cherche à... » « ils ne savent pas que... »

Afin d'aller plus loin il est utile de répondre aux questions telles que :
« En quoi ce qu'il fait/dit signifierait-il qu'il veut/cherche à... ? » « Comment sais-tu qu'ils ne savent pas... ? »

Se dégager de ce qui restreint illusoirement notre capacité d'action

Fermer les yeux quelques instants et laisser votre respiration s'amplifier depuis le creux de votre ventre jusqu'à l'espace situé entre vos côtes et laisser émerger la compréhension sensorielle, émotionnelle et mentale que tout cela revêt pour vous.

Prenez le temps d'écouter vos associations d'idées et notez les échos que ce champ d'exploration éveille chez vous :

« De quelle façon ma vision de l'expérience humaine est-elle enrichie ? »

« Qu'est-ce que je saisis maintenant avec plus d'acuité ? »

« Sur quelles nouvelles opportunités tout cela débouche-t-il pour moi ? »

« En quoi une joie durable peut-elle émerger de cela ? »

Laissez émerger une représentation sensorielle de la forme que tout cela prend pour vous et transcrivez-la pour mettre cet ouvrage aux couleurs de votre vie.
À vos crayons maintenant !!

… expérimentant votre libre arbitre …

En cheminant à travers ces axes de progrès, vous avez certainement déjà recommencé à vous rappeler plus consciemment que la vérité intérieure de votre chemin n'a à être comparée à aucune autre, même si la vérité de tous les autres chemins intérieurs peut l'enrichir.

L'expérience humaine s'approfondit de l'exercice de la conscience humaine qui consiste en un regard porté depuis l'intérieur sur l'extérieur.

Notre faculté à diriger, articuler et affiner ce regard se développe d'autant plus que nous mobilisons cette instance de nous-mêmes qui est à la fois nous-mêmes et nous transcende ; cette instance qui nous parle à la fois de nous et de ce qui existe par-delà, au-delà, en deçà, à travers, en dépit, de nous.

Garder cela à l'esprit en même temps que nous nous déplaçons sur notre chemin de vie permet d'exprimer notre libre arbitre en interagissant en conscience avec cette instance qui est à la fois notre intimité la plus profonde et notre lien le plus permanent à ce(ux) qui nous environne(nt).

De cette approche de soi-même et de l'environnement dans lequel nous nous inscrivons découle notre faculté à inscrire notre vie dans un processus d'évolution de conscience par lequel nous intégrons les dimensions psychologique et spirituelle aux autres dimensions de notre vie.

Peut-il y avoir vie et dimension psychologiques ou spirituelles sans vie et dimension corporelles et matérielles ? Et aussi : Peut-il y avoir vie et dimension corporelles et matérielles sans vie et dimension psychologiques ou spirituelles ?

Tout ceci participe déjà de notre positionnement spirituel, c'est-à-dire de la manière dont nous concevons la Réalité, la Vie et notre parcours dans tout cela.

C'est en soi un « acte de conscience » dans la perspective duquel se déclinent tous nos autres actes ; un acte porteur du germe et de la semence des réponses que nous donnons aux mystères que la vie nous pose à travers les divers événements que nous rencontrons.

Vu sous cet angle, plus nous apprenons à « choisir en conscience » ce positionnement et tous ceux qui en découlent plus ou moins directement, plus nous apprenons à exercer notre libre arbitre et par conséquent, moins nous sommes les sujets inconscients d'une « conscience extérieure », qui pensant pour nous, génère plus ou moins indirectement nos comportements et prises de positions.

« Oui, me direz-vous peut-être pourtant, mais il y a des gens à qui cela réussit de s'aligner sur la ligne directrice de la conscience collective ou même de la conscience individuelle de quelqu'un d'autre, alors pourquoi devrais-je moi endosser la responsabilité d'élaborer la matière de mon propre monde ? »

Ma réponse serait alors : « Qu'y a-t-il à gagner à être son propre référent qui vaille la peine d'assumer la solitude fondamentale à laquelle cette expérience nous renvoie ? »

Et aussi : « Qu'est-ce qui fait avancer la conscience collective si ce n'est l'influence des consciences individuelles qui la composent ? »

... vous respectez la Vie

Cinquième champ d'expérimentation et d'action

Devinette :
Qu'est-ce qui fait la différence entre un rond et une spirale ?

Réponse : L'apprentissage.

Déployer notre essence véritable

Avez-vous déjà expérimenté d'être épanoui par intermittence lorsque vous vivez tel ou tel type d'expérience ?

Vous est-il déjà arrivé de vous sentir radieux par vous-même sans conditionnement des événements que vous vivez ?

Si vous avez répondu « Oui » même à une seule de ces questions, alors c'est que vous savez de quoi parle ce qui suit...

L'idée de ce champ d'exploration de l'expérience humaine est de prendre conscience à quel point nous limitons parfois l'image et la sensation que nous avons de nous-mêmes pour la restreindre aux caractéristiques extérieures de notre expérience.

En effet, nous oublions trop souvent que l'important n'est pas dans ce que nous vivons mais dans la manière dont nous le vivons, dans ce que nous devenons en vivant ce que nous vivons.

Ainsi, tout se passe comme si nous étions aveugles au fait que lorsque nous ne nous sentons pas bien dans notre peau, c'est probablement le signe que nous confondons *expérience* et *fruit de l'expérience*, faisant découler notre état intérieur, non de ce que l'expérience peut nous permettre de devenir, mais de la nature de l'expérience en tant que telle.

C'est aussi simple que cela, et pourtant cela peut potentiellement nous aider à sortir de bien des marasmes car, aussi longtemps que nous faisons découler notre bonheur des expériences que nous vivons, aussi longtemps nous restons sujets au sentiment de *malheur* inhérent à l'impermanence de la Vie.

Ainsi, si vous deviez ne retenir qu'une seule chose de ce champ d'expérimentation de la conscience humaine, je vous propose que ce soit celle-ci : « Lorsque ce que la vie nous propose ne correspond pas à l'image que nous avons envie d'avoir de nous-mêmes, c'est probablement l'image que nous avons de nous-mêmes qui ne correspond pas à la Vie. »

Donc, lorsque vous vous trouvez (au choix) dans une situation dont vous vous dites qu'elle n'est pas épanouissante, qu'elle ne vous donne pas d'envergure, qu'elle ne fait pas de vous ce que vous pensiez qu'elle vous promettait ou encore, lorsque vous vous sentez diminué, avoir comparativement moins de valeur, terne ou transparent, voire inexistant, bref, lorsque les circonstances de la vie semblent ne pas vous fournir la nourriture dont votre sentiment d'identité a besoin, cherchez à extraire votre sensation de valeur intrinsèque des « signes extérieurs de vie » pour la recentrer sur ce qui fait la magie de la Vie à laquelle vous contribuez par le simple fait d'être vivant.

Effectivement, lorsque nous semblons avoir perdu toute valeur en tant que personne, c'est que c'est le moment de (nous) poser (les choses) et de nous reconnecter à ce qui, de manière exclusivement intrinsèque, c'est-à-dire indépendamment de toute caractéristique externe, fait sens dans le fait même de faire l'expérience de la Vie.

Cela peut sembler simpliste. Pourquoi ne pas considérer que cela fait bien au contraire toute la complexité de la démarche par laquelle nous construisons notre image de nous-mêmes et le sentiment de notre identité ? Tant il est difficile de s'auto-définir sans référence à ce qui est extérieur à nous (c'est-à-dire à ce que nous ne sommes pas) et, tant ce que nous sommes à l'exclusion de ce qui n'est qu'une caractéristique extérieure de nous est difficile à cerner.

Pour faire cela, il est utile de nous ouvrir à plus de lucidité par rapport à nous-mêmes et de nous autoriser à rêver de nous-mêmes tels que nous avons envie de devenir.

S'ouvrir à plus de lucidité envers nous-mêmes

Comprendre comment ...

CE QUE LA CLÉMENCE ENVERS NOUS-MÊMES REND POSSIBLE :

- Être pour soi-même son meilleur allié.
  - Éviter le piège d'être son pire allié c'est-à-dire, d'être celui qui nous potentialise le moins alors qu'il a pourtant les moyens pour le faire. La fatigue, le manque de sens à donner à ce que nous entreprenons, la difficulté à obtenir les résultats escomptés, etc., nous aident à tomber dans ce piège si nous manquons de clémence envers nous-mêmes.
- Éviter de se transformer en son pire ennemi.
  - Cesser de lutter à notre encontre n'est possible qu'au prix d'apprendre à nous aimer tel/telle que nous sommes.
- Oser être dépositaire de ce que nous souhaitons devenir.
  - Nous ne nous accordons le droit de nous développer (dans le sens de ce à quoi nous accordons de l'importance) qu'à partir du moment où nous admettons avec lucidité que, certes nous ne sommes pas déjà tel/telle que nous nous aimons, mais que nous avons toujours fait de notre mieux pour le devenir avec l'aide du temps.

... cela se passe

- Être le(la) meilleur(e) allié(e) des gens autour de soi.
  - S'accepter et être présent à soi-même pour être capable d'être présent aux autres, notamment lorsqu'ils ne trouvent pas en eux-mêmes le ressort d'être leur meilleur allié au cours de la phase qu'ils traversent.
- Éviter de nous transformer en le pire ennemi des gens autour de soi.
  - Ils ont besoin de tout sauf d'avoir à nous détromper sans arrêt d'une image détériorée de nous-mêmes, car ils ont besoin, eux aussi, d'exercer sur eux-mêmes toute leur clémence pour se maintenir debout.
- Oser s'ouvrir à la manière dont les autres sont les dépositaires de ce que nous souhaitons devenir.
  - Pour accepter qu'autrui nous donne réellement les moyens de devenir ce que nous n'aurions pu devenir seuls parce que cela était en dehors de notre champ de compétences, nous avons besoin de reconnaître que nous avons le droit d'avoir besoin d'apprendre.

S'ouvrir à plus de lucidité envers nous-mêmes

Trouver ...

COMMENT FAIRE ?...

- Être attentif aux signes nous indiquant que nous sommes en train d'en faire trop...
  - Reconnaître, de plus en plus tôt, le poids que les choses prennent lorsque l'on n'est plus à l'écoute de soi-même et que l'on ne subvient plus à ses besoins physiques, psychiques et spirituels.
- S'autoriser à ne pas être si idéal(e) que ça :
  - Identifier les injonctions que nous nous donnons avec trop peu de mesure.
  - Contre-balancer alors l'impact que nous donnons à ces injonctions en nous donnant des autorisations qui les compensent sans pour autant nous priver de ce qu'elles apportent de constructif dans notre vie.

SAVEZ-VOUS QUE NOUS AVONS PLUS SOUVENT APPRIS À VISER UN IDÉAL QU'À ACCEPTER D'ÊTRE HUMAIN ?

L'Analyse Transactionnelle met en relief **cinq autorisations que nous pourrions apprendre à nous donner.**

Tu as le droit de choisir de déplaire et/ou de te faire plaisir :
Pour compenser notre souci de toujours « faire plaisir » lorsqu'il prend tellement la main sur notre manière de gérer nos relations que nous en oublions que nous aussi nous méritons tous nos soins, quitte à moins en donner aux autres.

… des pistes d'action

Tu as le droit de choisir d'en rester là :
Pour compenser notre souci de toujours « faire des efforts » lorsqu'il prend tellement la main sur notre manière d'avancer dans notre vie que nous en oublions d'apprécier et de profiter de ce que nous avons déjà acquis et développé.

Tu as le droit de choisir de prendre ton/ du/ le temps :
Pour compenser notre souci de toujours « nous dépêcher » lorsqu'il prend tellement la main sur notre manière de gérer notre vie que nous en oublions que le temps est une ressource qui ne se capitalise pas : à trop courir après lui nous nous réveillons un jour en prenant conscience que nous sommes passés à côté de l'essentiel : la qualité de ce que nous aurions pu donner à ceux avec qui nous aurions aimé partager.

Tu as le droit de choisir de déclarer forfait et/ou de demander de l'aide :
Pour compenser notre souci de toujours « être fort(e) » lorsqu'il prend tellement la main sur notre manière d'assumer notre vie que nous en oublions qu'il y a des limites à tout, y compris à ce que nous pouvons supporter.

Tu as le droit de choisir de te contenter de ce qui est seulement « Bien » :
Pour compenser notre souci de toujours « être parfait(e) » lorsqu'il prend tellement la main sur notre manière d'agir dans la vie que nous en oublions d'accepter les imperfections : à trop peaufiner, nous nous endormons un jour en ayant pris conscience que nous sommes passés à côté de l'important : la variété de ce que nous aurions pu expérimenter dans le cadre de ce que nous avions envie de vivre.

S'ouvrir à plus de lucidité envers nous-mêmes

Fermer les yeux quelques instants et laisser votre respiration s'amplifier depuis le creux de votre ventre jusqu'à l'espace situé entre vos côtes et laisser émerger la compréhension sensorielle, émotionnelle et mentale que tout cela revêt pour vous.

Prenez le temps d'écouter vos associations d'idées et notez les échos que ce champ d'exploration éveille chez vous :

« De quelle façon ma vision de l'expérience humaine est-elle enrichie ? »

« Qu'est-ce que je saisis maintenant avec plus d'acuité ? »

« Sur quelles nouvelles opportunités tout cela débouche-t-il pour moi ? »

« En quoi une joie durable peut-elle émerger de cela ? »

Laissez émerger une représentation sensorielle de la forme que tout cela prend pour vous et transcrivez-la pour mettre cet ouvrage aux couleurs de votre vie.
À vos crayons maintenant !!

S'autoriser à « se rêver » tel que nous souhaitons devenir

Comprendre comment ...

LE POUVOIR DU « RÊVE »

- Le *rêve éveillé* est l'outil par lequel, en nous soustrayant des contraintes de la réalité, nous laissons advenir une vision de l'aspiration que nous avons à la modifier :
  - Notre volonté de changement naît de ce que nous pouvons imaginer les choses différentes de ce qu'elles sont.
- Le *rêve éveillé* est le lieu où, en nous extrayant du temps présent, nous laissons advenir l'expérience de nos ressources et de notre potentiel :
  - Nous pouvons visualiser indépendamment les expériences du passé ou du futur et en ressentir au présent les sensations.
- Le *rêve éveillé* est l'état grâce auquel, en nous soustrayant à l'emprise monarchique du conscient, nous laissons advenir la bienveillante coopération de notre inconscient :

  Ce qui est en nous et qui cherche à se révéler trouve un médiateur pour s'exprimer à travers une forme audible par notre mental.

… cela se passe

CE À QUOI IL NOUS FAUT ÊTRE ATTENTIF

- Il nous arrive d'utiliser la puissance du *rêve éveillé* à nous faire (du) mal :
  - ➢ C'est ce qui se passe lorsque notre énergie psychique est bloquée à l'intérieur de scénarii catastrophes :
    - La variété des différentes façons de faire pour que cela se passe de travers.
- Il nous arrive de nous laisser dériver par la puissance du *rêve éveillé.*
  - ➢ C'est ce qui se passe lorsque nous n'avons plus soin de valider la pertinence des postulats servant de fondation à nos élucubrations mentales :
    - La perte de contact avec l'objectivité qui creuse l'écart entre l'imaginaire et la réalité.
- Il nous arrive de mésestimer la puissance du *rêve éveillé.*
  - ➢ C'est ce qui se passe lorsque, faisant du rêve éveillé sans le savoir, nous n'avons pas conscience que nous sommes sous l'influence de nos représentations et que nos actes leur donnent vie :
    - Les choses que nous avons prédites et qui se réalisent parce que nous les avons inconsciemment suscitées par nos comportements.

S'autoriser à « se rêver » tel que nous souhaitons devenir

Trouver ...

COMMENT INDUIRE POUR SOI-MÊME UN *RÊVE ÉVEILLÉ* ?

Prenez le temps de lire plusieurs fois le texte suivant afin de vous en imprégner et de saisir, ne serait-ce qu'inconsciemment, les étapes du processus à travers lequel il vous en emmène.

Lorsque vous serez prêt à guider vous-même avec vos propres mots à travers ce même processus ou un autre qui soit analogue dans sa finalité, vous pourrez poser ce manuel et entrer dans cette rencontre avec vous-même qu'il vous propose.

« Installez-vous dans une position confortable, une position qui vous convient et dans laquelle vous vous sentez bien. Vous pouvez garder les yeux ouverts ou fermés aussi longtemps que vous resterez en contact avec vous-même à travers ces paroles qui vous guident à l'intérieur de vous-même…

Prenez le temps de profiter de ce moment de repos et de détente dans lequel vous vous installez de plus en plus profondément en même temps que vous respirez… Vous pouvez par exemple porter votre attention sur chacune des parties de votre corps en commençant par celles qui sont le plus relâchées et qui diffusent cette même sensation tout autour d'elles, vous pouvez commencez à visualiser le champ d'influence qui s'élargit de manière colorée à partir de ces parties de vous-même qui diffusent du bien-être… Tout cela vous procure un profond sentiment de sécurité et de douce puissance sur ce qui émane de vous et sur votre vie en même temps que vous expérimentez que vous êtes capable d'exercer une action consciente sur votre pensée… Et vous savez qu'inconsciemment votre monde intérieur donne beaucoup à la forme de votre monde extérieur ce qui conforte votre envie d'enrichir votre monde intérieur de la vision de tout ce que portez de beau en vous… Pour cela, vous pouvez indifféremment laisser venir à vous les images et les sensations de tout ce que vous avez expérimenté qui transporte votre cœur en une merveilleuse sensation de plénitude ou aller au devant des sensations d'accomplissement qui ont ponctué votre vie en diverses occasions…

... des pistes d'action

Tout en portant votre attention sur ce que l'air que vous inspirez transmet à l'intérieur des cellules de votre corps tandis que vous êtes connecté à ce qu'il y a de meilleur en vous, vous pouvez commencer à laisser une image de vous-même se matérialiser devant vos yeux comme si elle se projetait sur un écran... Cette image de vous-même apporte avec elle une formidable opportunité de grandir à vos yeux, vous pouvez d'ailleurs imaginer ce qu'elle vous dit en même temps qu'elle vous offre un cadeau de reconnaissance et de croissance... Vous pouvez voir en quoi consiste ce cadeau qu'elle vous offre avec amour comme pour signifier qu'elle a confiance en ce que vous êtes en train de vous faire devenir et afin de saisir toute la portée de ce symbole, acceptez et sentez la présence de ce cadeau en vous... de cette façon, vous laissez émerger l'image de cette potentialité qui se révèle et vous goûtez à la sensation d'être capable de l'épanouir dans votre vie... Soyez curieux de la façon dont vous-même sur l'écran actualisez ce don que vous vous faites à vous-même de devenir ce qu'il vous tient à cœur de devenir, écoutez les couleurs que véhicule la sonorité de vos paroles autour de vous... sentez l'odeur des gestes par lesquels vous exprimez tout ce que vous n'osiez espérer devenir... et regardez par delà les portes que tout cela ouvre pour vous, expérimentez la sensation qu'il y a à savoir que l'on est devenu plus proche de la personne que l'on aime être... ouvrez-vous à tout ce qu'il vous sera désormais possible de faire... à tout ce qu'il vous sera désormais donné de donner... Et tout en profitant de tout cela avec beaucoup d'intensité, vous vous autorisez peu à peu à revenir à la présence de la pièce autour de vous car vous savez que ce que vous venez de vivre est vôtre et que vous pourrez en toutes occasions y goûter à nouveau et l'enrichir de toutes les expériences de conscience qui succèderont à celle-ci... Souriez une nouvelle fois à vous-même sur l'écran avant de sortir sourire au monde extérieur autour de vous...»

S'autoriser à « se rêver » tel que nous souhaitons devenir

Fermer les yeux quelques instants et laisser votre respiration s'amplifier depuis le creux de votre ventre jusqu'à l'espace situé entre vos côtes et laisser émerger la compréhension sensorielle, émotionnelle et mentale que tout cela revêt pour vous.

Prenez le temps d'écouter vos associations d'idées et notez les échos que ce champ d'exploration éveille chez vous :

« De quelle façon ma vision de l'expérience humaine est-elle enrichie ? »

« Qu'est-ce que je saisis maintenant avec plus d'acuité ? »

« Sur quelles nouvelles opportunités tout cela débouche-t-il pour moi ? »

« En quoi une joie durable peut-elle émerger de cela ? »

Laissez émerger une représentation sensorielle de la forme que tout cela prend pour vous et transcrivez-la pour mettre cet ouvrage aux couleurs de votre vie.
À vos crayons maintenant !!

… déployant votre essence …

En cheminant à travers ces axes de progrès, vous avez certainement déjà recommencé à vous reconnecter plus consciemment à ce qui a de la valeur intrinsèque en vous quelles qu'en soient les manifestations extérieures.

L'existence humaine prend des formes diverses et variées tout en tirant son Existence par-delà ces expériences : le point commun à tout(tous) est la Vie et nous disposons, c'est l'une de nos caractéristiques intrinsèques, d'une instance réflexive appelée conscience.

L'éveil et l'essor de cette essence qui existe au cœur de notre existence, se déploient tout au long de notre vie à travers la manière dont nous cherchons à intégrer et à prendre place dans la Vie.

Garder cela à l'esprit en même temps que nous décidons de ce qui nous définit, ou ne nous définit pas, en tant que personne permet d'être en prise directe avec le flux de la Vie en tant que processus évolutif menant à l'élargissement et à l'approfondissement de notre capacité à en être visionnaire.

De cette compréhension de la fonction, du rôle et de la place de la Conscience dans notre existence découle notre aspiration à embrasser toujours plus la Vérité pour devenir toujours plus proche de « qui nous sommes vraiment à l'intérieur ».

Qui n'a pas fait l'expérience d'être devenu « meilleur » à la suite de tel ou tel événement et d'en ressentir un plus grand amour pour lui-même ? Y compris lorsqu'auparavant l'idée ne lui serait pas venue de souhaiter ce changement car son intérêt était invisible à ses yeux (à sa conscience).

Tout ceci participe d'une manière de vivre sa vie au cours de laquelle nous cherchons à nous rapprocher de notre essence véritable en acceptant de la dépouiller peu à peu, dans l'image que nous en avons, de ce qu'elle n'est pas dans la Réalité.

C'est en général à travers les insatisfactions, notamment celles qui sont récurrentes, que la Vie nous guide pour rediriger notre vision de nous-mêmes et des autres vers ce qui est de l'ordre de l'Essentiel qui, lui, est toujours présent.

Vus sous cet angle, nos *passages à blanc* ou *à vide*, peuvent être intégrés comme une opportunité à la fois d'approfondir et d'élargir notre vision, notre entendement, notre préhension de la Vie dans l'optique de nous connecter toujours plus consciemment à ce qui est permanent, indivisible, inconditionnel, pour nous en tenir à l'Essentiel dans notre image de nous-mêmes et d'autrui.

« Oui, me direz-vous peut-être pourtant, mais il y a des gens à qui cela dessert de toujours voir le bon et le beau en les autres, à moins que cela ne desserve les autres de toujours voir le bon et beau en soi, alors pourquoi devrais-je moi prendre le risque d'essuyer les trahisons ou de faire porter aux autres le poids de la poutre dans mon œil ? »

Ma réponse serait alors : « Voir l'Essentiel qui est effectivement beau et bon en soi et en l'autre empêche-t-il d'être lucide et de voir aussi les aspects plus sombres de la personnalité qui incarne l'Essentiel à la mesure de son travail sur elle-même. »

Et aussi : « Comment devenir meilleur encore si ce n'est en voyant déjà le germe dans ce qui est là ? »

... vous vous rapprochez de qui vous êtes vraiment.

Devinette :
Qu'est-ce que le cœur pulse
qui nourrit la vie ?

Réponse : L'amour.

Exister parmi d'autres

Avez-vous déjà expérimenté d'aimer créer des relations qui ne soient pas des attachements ?

Vous est-il déjà arrivé d'avoir du mal à laisser l'autre exister par lui-même à côté de vous ?

Si vous avez répondu « Oui » même à une seule de ces questions, alors c'est que ce qui suit vous parlera…

L'idée de ce champ d'exploration de l'expérience humaine est de prendre conscience à quel point nous confondons parfois interaction et pouvoir, ouverture et exclusivité, proximité et attachement.

En effet, nous oublions trop souvent qu'il est possible de construire avec autrui des relations sur la base d'une équité respective, d'une ouverture appropriée et d'une proximité contextuelle sans pour autant tomber dans le piège que ne se développent des relations de pouvoir, des sentiments de droits exclusifs et des difficultés à laisser vivre la liberté.

Ainsi, tout se passe comme si nous étions aveugles au fait que lorsque nous inscrivons nos actions dans un environnement humain, qu'il soit familial, amical, social ou professionnel, ce n'est pas pour autant le signe que nous devons jouer selon des règles qui ôteraient à l'un ou à l'autre la marge de manœuvre pour chacun jouer le rôle qui lui convient en propre de part sa personnalité, sa vérité et ses aspirations.

C'est aussi simple que cela, et pourtant, cela peut potentiellement changer la donne de bon nombre d'interactions car cet état d'esprit et d'engagement génère et active un système de régulations réciproques qui canalise les jeux de pouvoirs et évite les dérives.

Ainsi, si vous deviez ne retenir qu'une seule chose de ce champ d'expérimentation de la conscience humaine, je vous propose que ce soit celle-ci : « lorsque l'interaction avec autrui se place à une place que nous ne souhaiterions pas qu'elle prenne, c'est probablement que nous ne prenons pas dans l'interaction la place qui nous permettrait de la maintenir à sa juste place. »

Donc, lorsque vous vous trouvez (au choix) dans une relation qui vous fait dire que « vous n'avez plus envie de jouer », que « le jeu n'en vaut pas la chandelle », qu'« il vous en coûte trop », ou encore, lorsqu'une situation éveille en vous la sensation que « vous n'y avez pas votre place », qu'« il n'y en a pas suffisamment pour tout le monde », qu'« il n'y en a que pour untel », bref, lorsqu'exister parmi d'autres vous donnerait plutôt envie de vous rebeller, d'abdiquer, ou même de ruser, chercher à vous extraire des jeux sous-jacents dans les interactions et à vous-même jouer avec d'autres règles.

Effectivement, lorsque nous n'apprécions pas la manière dont nous sommes intégrés à notre environnement, c'est que c'est le moment de (nous) poser (les choses) et de prendre conscience de la manière dont nous co-créons ce que nous expérimentons en acceptant trop (ou pas assez) de choses ainsi qu'en donnant à voir (ou au contraire, en cachant) des choses qui contribuent à déformer la vision que les autres peuvent avoir de nous.

Cela peut paraître excessif de prendre ainsi sur soi la responsabilité de la place que les autres nous réservent dans les interactions qu'ils ont avec nous. Pourquoi ne pas considérer cela comme le pendant de la responsabilité qui est aussi la nôtre de leur laisser une place qu'ils acceptent et ont envie de tenir dans les interactions que nous avons avec eux.

Pour faire ceci autant que cela, il est utile d'amincir les masques qui font l'interface entre « qui nous sommes » et « pour qui nous sommes pris » ainsi que de mettre en lumière ce que nous sommes bien que cela n'ait pas été vu.

Oser amincir nos masques

Comprendre comment ...

NOUS NE POUVONS PAS NE PAS AVOIR DE MASQUES...

• Ce qui transparaît de nous est toujours une simplification de nous-mêmes.

➢ Nous sommes plus complexes que ce que l'apparence peut laisser voir, entendre ou ressentir.

- Notre apparence traduit un *résultat* mais laisse en arrière plan le *processus* qui a abouti à ce résultat.
  Ce que nous disons, faisons, générons dans le présent, etc. ne peut en aucune façon traduire la manière dont nous sommes arrivés à cela.

• Nous choisissons, le plus souvent inconsciemment, nos *masques* en fonction du contexte dans lequel nous nous trouvons.

➢ Nous allons nous autoriser (ou nous interdire) à exprimer (ou à taire) des facettes de nous-mêmes en fonction de la manière dont nous nous représentons les *règles de vie* à l'intérieur de l'environnement concerné.

- Le *masque* peut ainsi être compris comme l'image qui nous semble être acceptable / souhaitable d'avoir dans un contexte donné.
  Pour le *sculpter* nous prenons en compte : les personnes que nous côtoyons, les enjeux de la situation, le fruit de nos expériences antérieures,..., et les peurs et libertés qui résultent de tout cela.

… cela se passe

…TOUTEFOIS, NOUS POUVONS NE PAS PRENDRE NOS *MASQUES* POUR LA RÉALITÉ DE NOUS-MÊMES

- Le *masque* adopté dans un contexte donné ne devrait en aucun cas nous dicter l'image que nous avons de nous-mêmes.
  - L'essence de ce que nous sommes est différente du résultat issu du mécanisme d'adaptation adopté pour nous inscrire à l'intérieur d'un contexte donné.

    → Afin de nous rapprocher de nous-mêmes, il est important de nous *désidentifier* de nos *masques*.

    - C'est la première étape pour « oser des masques plus transparents » : comment pourrions-nous modifier quelque chose qui serait nous si nous pensions que nous étions ce quelque chose d'aussi rigide et calqué sur l'extérieur que ce que nous donnons parfois à voir ?

LA NOTION DE *PERSONA* SELON C. G. JUNG

« La *persona* est le système d'adaptation ou la manière à travers lesquels nous communiquons avec le monde. Chaque état, ou chaque profession, par exemple, possède sa propre persona qui les caractérise… Mais le danger est que l'on s'identifie à sa *persona* : le professeur à son manuel, le ténor à sa voix. On peut dire, sans trop d'exagération, que la persona est ce que quelqu'un n'est pas en réalité, mais ce que lui-même et les autres pensent qu'il est. »

Les créations de l'inconscient, CG Jung

Oser amincir nos masques

Trouver ...

COMMENT FAIRE ?... POUR ÉVITER DE SE CANTONNER DANS SON PROPRE ESPRIT AUX MASQUES QUE L'ON SE VOIT ADOPTER.

- Oser des *masques* plus transparents

= avoir une approche de nous-mêmes plus ouverte sur notre profondeur

= moins nous leurrer nous-mêmes quant à (à cause de) l'image que nous souhaiterions avoir

➢ Utile lorsque l'un des masques que nous adoptons à notre égard est trop étroit, c'est-à-dire lorsque nous constatons :
 - que nous ressentons de la souffrance ;
 - que certaines de nos attitudes ou de nos comportements sont en décalage avec l'image que nous nous efforçons de (nous) donner.

COMMENT FAIRE ? ...POUR ÉVITER DE SE CANTONNER DANS L'ESPRIT D'AUTRUI AUX MASQUES QU'IL NOUS VOIT ADOPTER

- Oser des *masques* plus transparents

= avoir une approche d'autrui lui offrant plus de visibilité sur notre profondeur

= moins leurrer autrui quant à (à cause de) l'image qu'il souhaiterait avoir

➢ Utile lorsque l'un des masques que nous adoptons à l'égard d'autrui est trop étroit, c'est-à-dire lorsque nous constatons :
 - que la personne ressent de la souffrance dans sa relation à nous ;
 - que nous nous refusons certaines attitudes ou comportements qui seraient en décalage avec l'image qu'autrui s'efforce d'avoir.

... des pistes d'action

SAVEZ-VOUS QUE NOUS DISPOSONS DE **CINQ NIVEAUX DE TRANSPARENCE** POUR CONSTITUER NOTRE *MASQUE*?

Will Schutz a mis en relief cinq manières d'être en contact et d'exprimer ce qui œuvre à l'intérieur de nous et les a intitulées : **niveaux d'ouverture**.

Les Niveaux d'ouverture au monde extérieur &
les Niveaux élevés d'ouverture à soi-même sont en interaction
(Je ne peux pas être transparent pour l'autre si je me leurre sur moi-même)

Niveau d'ouverture -1 :
Nier et/ou méconnaître certains éléments de nous-mêmes quelle qu'en soit la nature : faire comme s'ils n'existaient pas, ne pas avoir conscience de leur existence.

Niveau d'ouverture 0 :
Refuser d'évoquer certains éléments de nous-mêmes : savoir qu'ils existent mais éviter d'en parler.

Niveau d'ouverture 1 :
Exprimer son opinion et ses sentiments sans laisser place à la parole d'autrui : vouloir qu'il nous écoute sans nous-mêmes l'écouter.

Niveau d'ouverture 2 :
Exprimer ce que l'on ressent mais ne pas avoir de recul sur la manière dont notre propre positionnement impacte le résultat obtenu dans la situation : prendre notre perception de l'intention de l'autre pour la Réalité.

Niveau d'ouverture 3 :
Exprimer notre vision de la réalité en incluant une interprétation du positionnement de l'autre : présenter sa vision de la Réalité.

Niveau d'ouverture 4 :
Exprimer les sensations éveillées par la Réalité et ouvrir le dialogue en questionnant l'autre sur ce qu'il expérimente : partager avec l'autre au niveau du vécu.

Niveau d'ouverture 5 :
Exprimer les peurs activées par la situation et engager l'autre à s'exprimer lui aussi : s'adresser à l'autre comme à un allié pouvant contribuer à notre succès.

Oser amincir nos masques

Fermer les yeux quelques instants et laisser votre respiration s'amplifier depuis le creux de votre ventre jusqu'à l'espace situé entre vos côtes et laisser émerger la compréhension sensorielle, émotionnelle et mentale que tout cela revêt pour vous.

Prenez le temps d'écouter vos associations d'idées et notez les échos que ce champ d'exploration éveille chez vous :

« De quelle façon ma vision de l'expérience humaine est-elle enrichie ? »

« Qu'est-ce que je saisis maintenant avec plus d'acuité ? »

« Sur quelles nouvelles opportunités tout cela débouche-t-il pour moi ? »

« En quoi une joie durable peut-elle émerger de cela ? »

Laissez émerger une représentation sensorielle de la forme que tout cela prend pour vous et transcrivez-la pour mettre cet ouvrage aux couleurs de votre vie.
À vos crayons maintenant !!

Éclairer ce que précisément les autres ne voient pas

Comprendre comment ...

À QUELS MOMENTS EST-CE UTILE ?

- Lorsque nous avons la sensation que l'image qu'autrui a de nous fait obstacle à l'atteinte de nos objectifs :
  - ils ne nous en sentent / pensent pas capables ;
  - ils dénigrent l'utilité de ces objectifs nous concernant ;
  - ils ne comprennent pas que nous puissions avoir ces objectifs-là ;
  - etc.

- Lorsque nous avons besoin de la coopération (voire de l'engagement) d'autrui pour nous permettre d'atteindre nos objectifs.
Certains objectifs ne peuvent s'atteindre qu'à plusieurs :
  - construire une relation de couple, fonder une famille, etc ;
  - réaliser une tâche, une mission, etc., pour laquelle nous n'avons pas toutes les compétences et qui nécessite donc un partenariat avec d'autres.

En cherchant à élargir, à rendre plus objective et à approfondir la connaissance qu'autrui a de nous, nous nous donnons les moyens de nous rapprocher objectivement de l'image subjective de nous-mêmes à laquelle nous aspirons.

Pour (vous) Inspirer…

… cela se passe

EN QUOI EST-CE UTILE ? …

• Obtenir de précieux renseignements sur ce à quoi il convient que nous soyons vigilants pour réunir encore plus de chances d'atteindre notre objectif :

➢ L'image qu'autrui nous renvoie est un feed-back dans lequel "il n'y a pas de fumée sans feu".
Il convient donc de :
- identifier les points sur lesquels la réticence d'autrui repose comme étant potentiellement des points objectifs d'amélioration ;
- analyser avec lucidité les observations qu'autrui a pu faire (ou les informations dont il a pu disposer) qui l'ont amené à émettre ces doutes ;
- faire la part des choses entre les potentialités que nous sentons en nous (celles qui nous font dire que notre objectif est souhaitable et que nous arriverons à l'atteindre) et nos comportements et attitudes manifestés.

• Développer les caractéristiques dont nous sentons la potentialité pour les rendre opérantes dans notre quotidien :

➢ Notre potentiel n'est opérationnel qu'à compter du moment où nous avons fait l'effort de le faire advenir.

→ L'effort fait pour montrer à autrui ce qu'il n'avait pas vu jusqu'à présent est donc une formidable opportunité de développer celles de nos caractéristiques qui n'étaient jusqu'alors pas réellement arrivées à maturité.

Éclairer ce que précisément les autres ne voient pas

Trouver ...

COMMENT FAIRE ?...

- Développer une compréhension lucide de l'image qu'autrui a de nous :
  - Écouter ce que les réactions de l'autre à notre égard disent de nous.
  - Être attentif aux décalages entre ce que nous imaginions et ce que les autres renvoient comme image en miroir.
  - Oser questionner l'autre sur la manière dont il nous perçoit :
    - Qu'est-ce qui te fait dire cela ?
    - Comment en es-tu venu à penser cela de moi ?
    - Comment décrirais-tu la personne que je suis ?
    - Quelle compréhension as-tu de l'objectif que je souhaite atteindre ?
    - etc.

- Comparer avec l'image que nous avons d'une personne capable d'atteindre notre objectif :
  - Dresser le portrait type de la personne qui a toutes les chances à nos yeux de réussir l'objectif que nous nous sommes fixés.

    Quelles sont :
    - ses caractéristiques ;
    - ses comportements ;
    - les valeurs auxquelles elle accorde de l'importance ;
    - l'image qu'elle a d'elle-même et des autres ;
    - etc.

... des pistes d'action

- Comprendre ce qui est légitimement dévalorisant dans l'image que la personne a de nous.
  - Quelles sont les observations qu'elle a pu faire et les informations dont elle dispose qui ont pu être interprétées de manière « *erronée* » ?
    - Les éléments qui, selon la grille de lecture utilisée pour les analyser, prennent diverses significations, aucune n'ayant à elle seule valeur de vérité absolue.
  - Qu'attend-elle de notre part qu'elle n'a pas encore eu l'occasion d'observer jusqu'à présent ?
    - Les caractéristiques qui nous vaudraient d'être légitimement considérés comme nous souhaiterions l'être.

- Réduire le décalage entre ce que la personne croit savoir de nous et l'image qu'elle se fait de quelqu'un qui atteindra notre objectif affiché :
  - Apporter des compléments d'information :
    - témoigner des qualités requises en expliquant ce sur quoi nous nous basons pour savoir que nous les avons ;
    - élargir le champ d'expérimentation de la personne en l'invitant à nous rencontrer dans des contextes où nous faisons preuve des qualités requises.
  - Faire évoluer de manière concrète nos comportements et attitudes pour manifester *la différence qui fera la différence.*
    - Utiliser notre potentiel pour développer de nouvelles manières d'interagir (notamment avec la personne elle-même) qui lui feront sentir la différence grâce à laquelle ses croyances évolueront dans le sens escompté.

Éclairer ce que précisément les autres ne voient pas

Fermer les yeux quelques instants et laisser votre respiration s'amplifier depuis le creux de votre ventre jusqu'à l'espace situé entre vos côtes et laisser émerger la compréhension sensorielle, émotionnelle et mentale que tout cela revêt pour vous.

Prenez le temps d'écouter vos associations d'idées et notez les échos que ce champ d'exploration éveille chez vous :

« De quelle façon ma vision de l'expérience humaine est-elle enrichie ? »

« Qu'est-ce que je saisis maintenant avec plus d'acuité ? »

« Sur quelles nouvelles opportunités tout cela débouche-t-il pour moi ? »

« En quoi une joie durable peut-elle émerger de cela ? »

Laissez émerger une représentation sensorielle de la forme que tout cela prend pour vous et transcrivez-la pour mettre cet ouvrage aux couleurs de votre vie.

À vos crayons maintenant !!

Pour conclure en…

… existant par vous-même …

En cheminant à travers ces axes de progrès, vous avez certainement déjà retrouvé plus consciemment la piste de ce qui fait vraiment sens dans les interactions humaines, de ce qui en est le plus fondamentalement la *monnaie d'échange*, sans pour autant que ce ne soit ni une « monnaie » ni un « échange » mais plutôt une « richesse » et un « partage ».

L'existence humaine nous amène à interagir avec de multiples personnes avec des degrés divers de proximité, de fréquence, d'engagement, de réciprocité, qui nous masquent peut-être parfois l'Essentiel : l'objet de ces interactions est-il véritablement leur finalité profonde ? Ne pourraient-elles pas être considérées comme de simples *prétextes, opportunités, challenges*… ?

Prétextes ? Opportunités ? Challenges ?… mais à quoi, pour quoi et vis-à-vis de quoi ?

Nous sommes seuls à pouvoir répondre à ces questions pour nous-mêmes ; pourtant, la nature de notre réponse à ces questions détermine la manière dont nous prenons place et existons parmi les autres, ceux qui nous entourent de près ou de loin, ceux que nous côtoyons ponctuellement ou fréquemment, ceux qui nous touchent affectivement ou qui nous sont indifférents…

En fait, se poser ces questions-là revient à se poser la question de savoir qu'est-ce qui est suffisamment fondamental pour valoir la peine d'être échangé et partagé entre tous au point que la vie nous en fournit de si nombreux prétextes, opportunités et challenges.

Garder ensuite la vision de cela à l'esprit en même temps que nous déployons nos relations avec le monde permet d'expérimenter en conscience que c'est bien cela que nous recevons en échange de ce que nous mettons à disposition d'autrui.

Bien-sûr, si vous répondiez que seul l'Amour a cette caractéristique d'être suffisamment réellement fondamental pour *valoir la joie/peine* d'être échangé, cela ne signifierait pas pour autant que vous tomberiez amoureux des personnes avec lesquelles vous interagissez !...

Alors, qu'est-ce que cela pourrait signifier d'autre ?

Et est-ce que cela signifierait que vous pouvez généraliser cela à toutes vos relations ? y compris à celles qui ne durent que le temps d'un instant ? y compris à celles qui semblent depuis trop longtemps vous apporter l'inverse de cela ?

De cette prise de recul par rapport à l'aspect affectif des relations découle une plus grande fluidité à exister par soi-même et parmi d'autres car si, en effet, nous détachons la notion d'amour d'un attachement conditionnel à autrui, nous disposons à nouveau d'une palette infinie de facettes d'amour qui sont d'autant plus de l'Amour qu'elles laissent chacun libre d'exister selon lui-même sans pour autant se transformer en indifférence.

Tout ceci participe d'une manière d'être au monde et avec autrui qui tend à générer avec le temps une sensation réciproque d'accomplissement grâce à l'autre autant qu'à soi-même.

Vues sous cet angle, les interactions n'en perdent pas pour autant leur finalité fonctionnelle et opérationnelle, elles ont toujours comme objectif de parvenir à un but, de générer un résultat ; elles gagnent juste une troisième dimension, une profondeur, une perspective leur donnant une composante agréable à partager.

« Oui, me direz-vous peut-être pourtant, mais il y a des gens à qui cela réussit de ne pas s'encombrer de tout cela dans leur conception des relations humaines ou même de l'amour qu'ils donnent de manière conditionnelle, alors pourquoi devrais-je moi élargir ma vision et faire l'effort qu'ils ne font pas ? Y compris à mon égard... »

Ma réponse serait alors : « Continuer à exister au sein d'une relation frustrante demande-t-il moins d'efforts que de sentir la relation évoluer vers plus de partage Essentiel ? »

Et aussi : « Qui sommes-nous pour dire que quelqu'un n'est pas digne que l'on partage de l'Amour avec lui ? »

... vous existez parmi d'autres.

… travaillant sur vous-même …

En cheminant à travers cet ouvrage, vous avez certainement commencé à expérimenter que par-delà la démarche de développement personnel s'ouvre parfois une recherche de développement spirituel.

Les aspirations et les prémices de la seconde s'initient souvent dès lors que la première met à jour le caractère fallacieux et illusoire d'un développement qui serait uniquement centré sur soi-même et exclurait notre inclusion dans un Tout plus grand ; un Tout qui nous transcende, quelle que soit l'échelle sur laquelle nous le situons (humanité, planète, univers, Création, Divin).

Ainsi, si cet ouvrage a touché votre cœur par-delà le fait que vous y ayez parfois découvert des choses qui n'ont pas forcément fait plaisir à votre ego ; si, y compris dans ces circonstances, il vous a permis d'ouvrir des fenêtres qui donnent du sens à votre expérience d'être humain, alors, il a rempli sa mission et cette entité de vous-même qui a en tiré bénéfice que l'on appelle *conscience* a elle aussi rempli sa mission.

Les courants spirituels actuels convergent pour dire que l'humanité expérimente des changements conséquents relatifs à l'ouverture de notre conscience à des informations d'un ordre nouveau. Ils nous invitent à nous connecter plus profondément avec la Réalité qui nous transcende et à embrasser la Vérité dans notre recherche de vérités.

Cela revient pour ainsi dire à explorer des champs nouveaux à l'intérieur de la même Réalité ; des champs qui existaient déjà auparavant et auxquels notre conscience accède désormais avec l'émergence de la cinquième dimension.

Imaginez que vos oreilles s'ouvrent à entendre les ultra-sons, que vos yeux s'éveillent aux infrarouges, que votre odorat devienne capable de capter les phéromones, que votre sens du toucher se mette à sentir les vibrations et que vos papilles puissent goûter les vitamines, Notre perception du monde en serait largement plus exhaustive !

Imaginez par-dessus cela que votre intelligence devienne capable de se saisir des informations perçues pour en extraire des *lois* de la même manière que l'ont fait les chercheurs géniaux tels que Copernic, Newton, Einstein.

Les représentations qui nous tiendraient lieu de réalité rendraient compte d'échelles de temps et d'espace beaucoup plus larges que nous ne le faisons maintenant !

Il résulterait de tout cela un élargissement de notre conscience qui, sans changer le monde en lui-même, nous ouvrirait à d'autres réalités à l'intérieur de la Réalité.

C'est un peu l'image que je me fais de l'émergence de la cinquième dimension dans notre vie : pas forcément de très grands changements (si ce n'est les événements qui nous confrontent à la nécessité de changer, si ce n'est aussi la dissolution de ceux de nos systèmes de représentations et des modes de vies qui en découlent qui sont contraires aux *lois* qui émergent et cherchent à (re)prendre leur place parmi nous), mais des changements profonds dans notre manière de considérer notre essence, notre existence, nos interactions avec la Création, avec le Divin…

Ainsi, à mon sens, c'est un peu comme s'il nous était proposé de passer d'une « ère de l'Identité » à une « ère de l'Essence ».

L'Identité naît du corps et de l'intellect et alimente l'ego.

L'Essence donne corps et mental à la conscience.

L'une des manières pour réaliser cela me semble être de faire un usage différent de la conscience avec laquelle nous sommes nés, usage qui passe par une certaine dés-identification des « outils » de cette conscience, outils que sont notre corps et notre mental.

C'est pour cela qu'il me semble utile d'affiner notre compréhension de la manière dont fonctionnent ces outils, pour apprendre à en maîtriser avec plus de conscience l'usage.

Ce faisant, là où nous étions aveugles parce qu'ils opéraient sans que nous soyons au fait qu'ils agissaient en trame de fond, nous devenons conscients de leur fonctionnement et accroissons par-là même notre capacité à « piloter » ces outils.

Là où ils agissaient sans notre « droit de regard » et où nous les prenions pour nous-mêmes, comme nous caractérisant nous-mêmes, nous nous rendons compte que notre Essence est ailleurs et devenons capables de les mettre au service de cette Essence, c'est-à-dire de nous-mêmes.

Qui sommes-nous dans cette perspective ?

C'est tout l'objet de la quête spirituelle, quête au sein de laquelle nous recevons chaque événement de notre vie comme une opportunité et une invitation à dévoiler toujours plus qui nous sommes vraiment, c'est-à-dire qui nous sommes dans notre essence véritable et qui nous sommes en train de devenir.

C'est passionnant !...

... vous allez à l'essentiel.

Annexes

Quelques apports pour compléter votre compréhension des processus qui prennent place dans la psyché

Une approche de l'inconscient

Apport

QU'EST-CE QUE LA CONSCIENCE ?

- C'est l'entité à l'intérieur de nous :
  - qui peut avoir un regard sur elle-même ;
  - qui « sait qu'elle sait » ;
  - qui peut tenter d'imaginer ce qui se passe à l'extérieur d'elle-même ;
  - etc.

QU'EST-CE QUE LE CONSCIENT ?

- C'est l'ensemble de :
  - ce que nous savons (notamment, de nous-mêmes et de nos propres fonctionnements) ;
  - ce que nous avons exploré avec notre conscience ;
  - ce qui ne nous est pas inconnu (notamment, de nous-mêmes et de nos propres fonctionnements) ;
  - etc.

QU'EST-CE QUE L'INCONSCIENT ?

- C'est l'ensemble :
  - de ce que nous connaissons (notamment, de nous-mêmes et de nos propres fonctionnements) mais à quoi nous ne pensons pas à un moment donné ;
  - de ce dont nous avons eu conscience une fois (notamment par rapport à nous-mêmes et à nos propres fonctionnements) mais que nous avons oublié ou refoulé, par exemple : les expériences douloureuses que nous avons traversées, les mécanismes de défenses que nous avons mis en place ;
  - de ce que, involontairement et sans y prêter attention, nous ressentons, pensons, nous rappelons et/ou faisons ;
  - du futur qui se prépare en nous qui ne deviendra conscient que plus tard.

QUELLES SONT LES FONCTIONS DE L'INCONSCIENT ?

• Prendre en charge les processus récurrents et permettre ainsi au conscient de s'attacher aux tâches ayant le plus de « valeur ajoutée ».

➢ Gérer avec automatisme le maximum de tâches afin d'éviter au cortex cérébral d'avoir à traiter les informations qui peuvent être exploitées, grâce à des circuits neurologiques connus.

-Sur le plan corporel : respirer, digérer, réguler notre température, maintenir notre équilibre quelle que soit la position du corps, etc.

- Sur le plan de notre pensée : reconnaître et nommer les objets, rappeler le souvenir de ce que nous avons appris, faire des opérations ou des déductions, etc.

- Sur le plan de notre vie psychique : faire apparaître des émotions, susciter la motivation ou l'évitement, activer nos habitudes comportementales / traits de caractères, etc.

• Être garant de la sauvegarde et de l'essor du Tout en déployant la vision systémique :

➢ Contrebalancer l'inexorable partialité et manque d'exhaustivité du conscient.

Il lui revient donc de développer une vision globale et intégrative des choses, situations, enjeux, etc.

Pour cela il prend en compte :

- le réseau des tenants et des aboutissants probables d'une situation ;
- le résultat de l'interactivité de facteurs interagissant sur les niveaux différents imbriqués dans cette situation ;
- la complexité générée par la coexistence d'éléments semblant œuvrer de façon contradictoire ;
- les acquis des apprentissages antérieurs personnels et collectifs ;
- tous les paramètres sociaux, culturels, technologiques ;
- etc.

Une approche de l'inconscient

Apport

FAVORISANT UN TRAVAIL SUR SOI EFFICACE, L'OUVERTURE DE CETTE VISION DE L'INCONSCIENT PERMET DE :

- Créer avec lui une alliance :
  - Faire l'expérience de l'intention toujours positive de l'inconscient par delà l'apparence parfois contrariante que prennent ses manifestations.
    Permettre à l'inconscient de satisfaire à cette intention première d'une façon qui contribue aussi à nos projets conscients.
  - Apprendre à reconnaître les coups de pouce que l'inconscient nous donne souvent, sans même que nous ayons à le lui demander.

- Apprendre à mieux l'aimer pour mieux s'aimer :
  Entrer en contact approfondi avec notre inconscient permet de :
  - Englober dans notre estime de soi ces zones de nous-mêmes qui nous constituent tout autant que celles que nous connaissons déjà, en étant intimement convaincus de leur légitimité et de leur bienveillance intrinsèques.
  - Être capable de rebondir et de rectifier le tir après s'être rendu compte que l'on a agi sans considération sous l'emprise de parties non maîtrisées de nous-mêmes : s'aimer quand même.
  - Libérer et bénéficier de l'énergie psychique qui, sans cet échange avec notre inconscient, y serait encapsulée.
  - Apprécier la sensation de liberté qu'il y a à choisir plutôt qu'à subir : en exerçant le regard de notre conscience sur ces zones-là de nous-mêmes, nous gagnons la possibilité de les réguler et d'éviter ainsi qu'elles se manifestent indûment dans nos comportements, nos croyances, notre positionnement, nos paroles, etc.
    En effet, ce n'est pas parce que nous n'avons pas conscience qu'une partie de nous agit, qu'elle n'agit pas en dehors de notre conscience.

• Apprendre à mieux l'accompagner pour mieux s'accompagner.
Avoir une approche constructive de l'inconscient consiste à :

- Être à l'écoute de soi pour identifier les parties de nous-mêmes qui s'expriment à notre insu et que, d'ordinaire, nous ne percevrions pas.
  Pour cela, il convient d'être attentif :
  - aux émotions qui nous traversent de manière furtive ;
  - aux sensations qui nous habitent de manière larvée ;
  - aux petites voix qui s'expriment timidement à l'intérieur de nous ;
  - aux réticences qui nous font « *lambiner* » (voire échouer) ;
  - aux impulsions qui nous font « *y aller quand même* » ;
  - etc.
- Dépasser l'aspect superficiel de ces parties de nous-mêmes que, d'ordinaire, nous rejetterions et que l'inconscient préserve.
  Celles qui nous demandent un effort pour apprendre à ne plus :
  - les désavouer ;
  - les considérer comme effrayantes, inacceptables,...
  - les dénigrer ;
  - les trouver ingérables, déstabilisantes,...
  - etc.
- Dialoguer avec ces parties de nous-mêmes pour se voir révélée l'intention positive de ce que, d'ordinaire, nous connoterions négativement.
  Si elles tiennent tellement à nous influencer malgré notre censure, c'est parce que :
  - elles se font porte-parole de quelque chose d'important que nous avons tendance à oublier dans notre vie ;
  - elles réactivent une manière de faire face à la vie qui, tout au moins à un moment donné de notre vie, a été la seule accessible pour nous.

Une description de la vision systémique

Apport

LES POSTULATS DE LA VISION SYSTÉMIQUE

- Toute *chose* peut être conçue comme un système.
  - ➢ Toute *chose* est constituée d'un ensemble d'**éléments** qui sont en interaction de manière **dynamique** et **organisée** en fonction d'une **finalité**.
    - Chose = personne, entité, collectivité, etc.
      Il n'existe rien qui ne puisse être décomposé en rien.
      A tout est donc un *Tout*, donc tout est un système.
    - Élément = composante du *Tout* qui contribue au résultat produit par ce *Tout* par l'imbrication de son intervention individuelle parmi celles des autres éléments.
    - Dynamique = il y a toujours, de la part de chacun des éléments du *Tout*, une action sur le système.
      Cela est notamment vrai lorsqu'il y a *inaction* apparente car ce positionnement exerce en lui-même une influence sur les autres composants du système.
    - Organisée = structurée, agencée par des niveaux hiérarchiques s'incluant mutuellement en des relations de complexité croissante.
    - Finalité = ce qui donne sens et direction à l'action du système en tant que *Tout*.
      La moindre des finalités est la pérennité du système.
      Cette finalité est relayée de manière différente par chacun des éléments du *Tout* ; elle est parfois indirectement mise en défaut par la finalité de pérennité de la partie elle-même.

• Toute action sur un élément du système revient à agir sur le système lui-même.

> Agir sur le *Tout* dans son ensemble n'est dans la majorité des cas pas possible.
>
> → L'approche systémique s'applique à trouver, en guise de porte d'entrée, une manière de transformer la dynamique de certains éléments entre eux pour susciter des changements dont les répercussions s'étendront par ricochets à l'ensemble de l'organisation œuvrant à l'intérieur du système.

• Toute extension de la vision individuelle à une dimension plus collective fait évoluer l'approche que l'élément concerné a à l'intérieur du système.

> Chacun continuera à agir comme il lui semble adapté à l'intérieur de son *pré carré*, aussi longtemps qu'il ne verra pas en quoi c'est inadapté.
>
> → L'approche systémique s'applique à donner aux éléments dont elle souhaite faire évoluer l'implication individuelle, des informations plus vastes sur la finalité du système dans son ensemble, sur la manière dont leurs actions s'inscrivent dans cet ensemble, et sur les objectifs et contraintes des autres éléments.

Une description de la vision systémique

Apport

FAVORISANT UN TRAVAIL SUR SOI EFFICACE, L'OUVERTURE DE L'APPROCHE SYSTÉMIQUE PERMET DE :

- Chercher la porte d'entrée déjà entrouverte.
  - Opérer des changements circonspects là où nous pouvons nous en saisir pour obtenir des évolutions que nous ne pourrions pas appréhender dans leur ensemble.
  - Exemple :
    - Il serait vain de chercher à modifier d'un bloc sa personnalité. Il est en revanche indéniable qu'en transformant un de nos traits de caractère, nous évoluons en fait de manière globale. L'image que nous avons de nous-mêmes et celle qu'autrui a de nous en sont d'ailleurs modifiée.
- Utiliser la voix de la moindre résistance.
  - Transformer ce qui environne et fait se cristalliser nos noyaux durs plutôt que de se focaliser sur la transformation des noyaux durs eux-mêmes.
  - Exemple :
    - Une des manières de générer de nouveaux comportements, et donc de transformer notre *naturel* sans qu'il revienne ensuite au galop, consiste à développer une nouvelle vision de la situation dans laquelle nous agissons, de ce que nous cherchons à obtenir dans cette situation, de la personne que nous souhaitons être, etc.

• Générer un changement durable intégrant la notion d'*écologie* pour le système.

- Chercher les évolutions qui préservent la pérennité de notre *espace temps* de vie dans son ensemble par delà les changements parcellaires.
- Exemple :
  - Faire des choix s'inscrivant dans la lignée de notre *Mission de vie* pour éviter de nous retrouver ultérieurement face à des *effets secondaires* des options que nous avons prises qui se retourneraient contre nous.

• Procéder à de réels changements (changements dits de niveau 2) en assimilant dans la transformation un niveau de complexité supérieur.

- Accéder à un remaniement *vertical* de l'agencement des différentes strates qui nous composent par contraste avec un changement modifiant *horizontalement* la figure composée par les composantes d'une de ces strates.
- Exemple :
  - Ce n'est pas seulement ce que nous regardons de nous-mêmes que nous devons changer pour développer notre confiance en nous ; c'est, en réalité, plus la logique qui guide notre regard lorsque nous le portons sur une personne, que cette personne soit nous-mêmes ou autrui.

Un exposé du modèle des niveaux logiques selon Robert Dilts

Apport

Chacune des situations que nous traversons peut être analysée relativement…

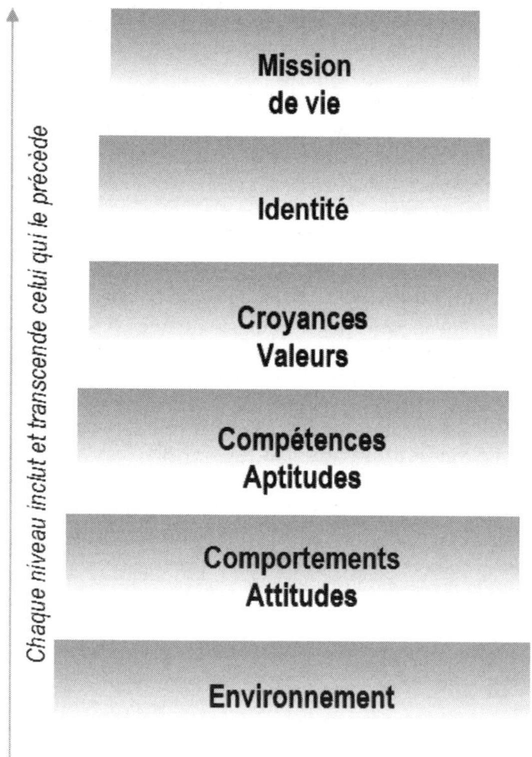

.aux différents niveaux imbriqués les uns dans les autres décrits ci-dessous :

Ce niveau comporte l'ensemble de ce qui donne sens à notre vie et de la finalité que nous lui attribuons de manière plus ou moins consciente.Il nous insère à l'intérieur d'un système élargi aux autres systèmes (personnes, structures, société, etc.) avec lesquels nous interagissons et nous invite à donner une direction particulière à notre vie.

Ce niveau comporte l'ensemble des caractéristiques que nous pouvons regrouper sous le vocable « Je ».Il inclut les représentations que nous avons de nous-mêmes dans notre réalité manifestée comme dans notre potentiel non encore révélé.Il évolue au fil de la vie tout en maintenant la continuité à travers laquelle nous nous reconnaissons.

Ce niveau comporte l'ensemble de ce qui est juste, important et légitime à nos yeux ; il correspond au crible à travers lequel nous interprétons la réalité de notre environnement et influence les autorisations, interdictions et motivations qui vont nous pousser à utiliser notre potentiel pour nous y adapter.Fonctionnant comme un système, il se construit et se transforme au fil de notre vie et de la manière dont nous digérons nos expériences.

Ce niveau comporte l'ensemble des stratégies et des façons de faire que nous mettons (ou sommes en mesure) de mettre en œuvre dans nos comportements et attitudes face à l'environnement. Parmi toutes les potentialités dont nous sommes dotés, certaines n'ont à ce jour pas été concrètement manifestées dans nos actions, paroles, etc. ; il nous appartient de déployer ce potentiel.

Ce niveau comporte l'ensemble de ce qu'autrui peut voir de nous à travers ce que nous faisons, disons, à travers la manière dont nous nous positionnons, etc.Tout cela est en interaction avec les caractéristiques de notre environnement, toutefois, nous conservons la responsabilité d'exercer notre liberté de choisir notre réaction face aux stimulations reçues.

Ce niveau comporte l'ensemble des caractéristiques du(des) contexte(s) dans le(s)quel(s) nous sommes placés, ces caractéristiques s'exercent comme des contraintes et/ou des opportunités dont l'origine est située en dehors de notre champ de responsabilité.

Un exposé du modèle des niveaux logiques selon Robert Dilts

Apport

FAVORISANT UN TRAVAIL SUR SOI EFFICACE, L'OUVERTURE DU MODÈLE DES NIVEAUX LOGIQUES PERMET DE :

- Guider la réflexion précédant les décisions à fort enjeu.
  - ➢ Anticiper les éventuelles retombées de chacune des options envisageables sur ces différents niveaux permet de les départager en faisant émerger celles :
    - Qui respectent le plus notre *écologie de vie* en ne nuisant pas à ce qui donne sens et valeur à notre vie.
    - Qui permettent de nous inscrire au mieux dans notre mission de vie.

- Trouver la motivation et l'énergie nécessaires pour réussir ses projets à long terme
  - ➢ Avoir conscience de la manière dont un projet s'enracine dans notre mission de vie permet de trouver l'endurance pour le mener à bien en dépit des difficultés rencontrées.

    En effet, une fois mis en lumière le lien qui relie nos aspirations à ce que nous souhaitons avoir réussi dans la globalité de notre vie :
    - nos projets acquièrent à nos yeux un sens plus profond encore : nous en connaissons la finalité et non plus seulement la causalité.
    - nos ressources deviennent plus facilement *mobilisables* : la force de notre motivation nous connecte avec elles parce qu'elles sont notre meilleur moyen de répondre à l'appel intérieur.

- Développer un sentiment de bien-être
  - Sentir l'alignement de ces différents niveaux logiques entre eux permet d'avancer avec un profond sentiment de *verticalité* :
    - expérimenter que ce qui se déroule à chacun de ces niveaux est au service et en cohérence avec ce qui est présent au niveau supérieur, génère la sensation d'être à sa place et d'agir en accord avec soi-même.
- S'adapter au mieux à la réalité tout en maintenant un profond sentiment d'intégrité
  - Se remémorer ce vers quoi nous souhaitons que notre vie s'oriente permet de définir des priorités et de mieux vivre les désagréments liés à des écarts anodins entre nos vœux et la réalité :
    - il nous est plus facile de lâcher prise sur l'accessoire lorsque nous gardons l'essentiel à l'esprit.
- Décider de changements cruciaux
  - Identifier la source d'un sentiment de mal-être permet de concevoir un plan d'action raisonné pour se rapprocher de soi-même :
    - il nous sera plus facile d'amorcer un tournant significatif dans notre vie si nous savons précisément ce qu'il convient de faire évoluer.

Bibliographie

Dimension psychologique / Développement personnel

- *Changez pour le bonheur*, Alain Losier, InterEditions, 2007
- *Trouver la force d'oser*, Daniel Grosjean et Jean-Paul Sauzède, InterEditions, 2006
- *Les émotions*, Elisabeth Couzon et Françoise Dorn, Esf Éditeur, 2007
- *Fais-toi confiance… ou comment être à l'aise en toutes circonstances*, Isabelle Filliozat, Marabout, 2007
- *Changer les systèmes de croyances avec la PNL*, Roberts Dilts, InterEditons, 2006
- *La vie vaut la peine d'être vécue*, Bo Lozoff, Pocket évolution, 2007
- *L'Intelligence du cœur,* Isabelle Filliozat, InterEditions, 1997
- *Estime de soi, confiance en soi*, Josiane de Saint Paul, InterEditions, 1999
- *Je coache ma vie, Pascale Leroy*, Hachette Pratique, 2006
- *Techniques de visualisation créatrice, La Puissance de la pensée*, Sakti Gawan, J'ai lu, 2007

Dimension corporelle

- *Aide-toi, ton corps t'aidera*, Anne-Marie Filliozat et Gérard Guasch, Albin Michel, 2007
- *L'Intelligence intuitive du corps*, Doc Childre et Howard Martin, Ariane, 2005
- *Comprendre les messages du corps,* Jean-Pierre Barral, Albin Michel, 2005

Dimension relationnelle

- *Relations et jeux de pouvoirs*, Jean-Jacques Crèvecœur, Jouvence Edition, 2007
- *Pratiquer la bienveillance par l'écoute active et l'empathie*, Xavier Cornette de Saint Cyr, Jouvence Edition, 2007

Dimension spirituelle

- *Les Sept lois spirituelles du succès*, Dr Deepak Chopra, J'ai lu, 2007
- *Manuel du guerrier de la lumière*, Paulo Coelho, Le Livre de poche, 2006
- *Je suis, Tu es, au cœur de l'Amour*, transmis par Hilaïki, Editions Hélios, 2007
- *Les familles d'âmes*, Marie Lise Labonté, Le Dauphin Bleu, 2007
- *Elhudia, Ascension*, Rodolphe Arnassalom, Les Editions des 3 monts, 2007

Dimension sociologique

- *Tout homme est une merveille*, Denis Lafay, RH Editions, 2007
- *Les nouvelles solitudes*, Marie-France Hirigoyen, La Découverte, 2007